眠れなくなるほど面白い　図解　地学の話

趣解地理学

[日] 理学博士 高桥正树 等 著
王倩倩 译

认识我们的地球

北京时代华文书局

图书在版编目（CIP）数据

趣解地理学 /（日）高桥正树等著；王倩倩译 . -- 北京：北京时代华文书局，2021.11
（2022.12）
ISBN 978-7-5699-4401-3

Ⅰ . ①趣… Ⅱ . ①高… ②王… Ⅲ . ①地理学－普及读物 Ⅳ . ① K90-49

中国版本图书馆 CIP 数据核字（2021）第 184926 号
北京市版权局著作权合同登记号 图字：01-2020-0329

NEMURE NAKU NARUHODO OMOSHIROI ZUKAI CHIGAKU NO HANASHI
by Masaki Takahashi/Kei Kurita/Motoo Ukawa/Hisashi Kato/Yukio Isozaki
© Masaki Takahashi/Kei Kurita/Motoo Ukawa/Hisashi Kato/Yukio Isozaki 2019
All rights reserved
Original Japanese edition published by NIHONBUNGEISHA Co., Ltd.
Chinese (in simplified characters only) translation rights arranged with
NIHONBUNGEISHA Co., Ltd. through Digital Catapult Inc., Tokyo.

趣解地理学
QUJIE DILIXUE

著　　者｜[日]高桥正树等
译　　者｜王倩倩
出 版 人｜陈　涛
策划编辑｜高　磊　邢　楠
责任编辑｜邢　楠
责任校对｜凤宝莲
装帧设计｜孙丽莉　段文辉
责任印制｜訾　敬

出版发行｜北京时代华文书局 http://www.bjsdsj.com.cn
　　　　　北京市东城区安定门外大街 138 号皇城国际大厦 A 座 8 楼
　　　　　邮编：100011　电话：010 - 64263661　64261528

印　　刷｜河北京平诚乾印刷有限公司　010 - 60247905
　　　　　（如发现印装质量问题，请与印刷厂联系调换）

开　　本｜880 mm×1230 mm　1/32　印　张｜6　字　数｜139 千字
版　　次｜2021 年 11 月第 1 版　印　次｜2022 年 12 月第 2 次印刷
书　　号｜ISBN 978-7-5699-4401-3
定　　价｜39.80 元

版权所有，侵权必究

自序

你能想象出6400 km具体有多长吗？日本东京和宇都宫市之间的距离约为100 km，6400 km相当于两个城市之间距离的64倍。日本本州岛长度约为1300 km，6400 km相当于它长度的近5倍。所以这段长度绝对不短，但也算不得很长。

实际上，它是地球的半径长度。可能有人会讶异："啊，地球原来这么小！"是的，地球真的只是一颗小行星。

46亿年，1年的46亿倍。地球已经度过了如此漫长的时光。宇宙的年纪大约是138亿岁，和它相比，地球还算是个"年轻人"，但也饱尝岁月的风霜。

一颗小小的行星，已经活了很多年，这就是我们的地球。

我们的地球，不像那些已经死亡的行星那样毫无生气。它不断爆发地震，地动山摇；时时火山喷发，喷出灼热的岩浆；孕育台风，掀起狂风暴雨。同时，大地又为我们提供生活所需的石油、煤炭等能源资源以及各种金属资源。

这些地理现象与地球内部能量及太阳能量息息相关。地球真的是一颗能量满满、生机勃勃的行星啊。

所谓地球，大部分是"固体地球"，其周围被"流体地球"包围。流体地球就是指水圈和大气圈。有水存在可以说是地球的一大特征，故而地球也被称为"水行星"。

在大气圈中，常发生气候现象的区域是"对流层"。这部分大气浓度高，厚度却只有10 km左右。就算是与地球半径相比，也是一层相当薄的外皮。我们人类的生存空间夹在固体地球表面与大气圈之间，就是如此狭窄。

读到本书，你知道地球半径只有6400 km吗？我们就和宇航员一样，正乘坐着"地球号宇宙飞船"，遨游在黑暗的茫茫宇宙中。所以对于地球，我们不能一无所知。

大家应该在初中和高中都学过地理学。地理老师教给大家地球各个领域的知识。不过地理学有很多分支领域，我们当然不可能将所有领域都了解得清清楚楚。这本书也不是教科书，不会系统介绍地理学各个领域。在这里，我们选择了49个有趣的话题，结合图表，尽可能用讲故事的方式为大家介绍地球。

本书由四章构成：第一章是地球物理学；第二章是火山学；第三章是气象学；第四章是地质学。各章名字使用通用的分支领域名称。本书并不涵盖地理学所有分支领域。

本书的作者都是活跃在各自研究领域第一线的研究者，本书在内容写作上尽量做到通俗易懂。这本书集五位研究者之力写成，短小精悍，内容丰富。

读完本书，你如果对地理学这门学科产生兴趣，请一定要试着深入学习下去。这本书可以说是地理学之门。一旦推开门,就请尽情徜徉在地理学这美好的世界里吧。

最后,要十分感谢日本文艺社书籍编辑部坂将志先生策划本书,感谢米田正基先生以极高的工作热情编辑本书,感谢室井明浩先生为本书配了如此优秀的图画和设计。

作者代表:高桥正树

2019年3月

目录

第 1 章 地球物理学

1 地球到底是如何诞生的？ ●3
地球由多种陨石分两个阶段聚集而成

2 为什么行星绕太阳旋转的轨道是椭圆形？ ●6
一场科学革命——发现行星的公转轨道是椭圆形

3 地球绕地轴转动带来什么影响？ ●9
因地球自转轴倾斜而产生季节更替

4 地球磁场如何产生的？发生过逆转吗？ ●12
磁场移动，地球的南北极发生逆转

5 地球自转何时停止？ ●16
地球自转速度放缓，月球距离地球越来越远

6 太阳的寿命还有多少年？ ●19
太阳是中等质量恒星，恒星质量越大寿命越短

7 为什么会产生地幔对流？ ●22
地幔由于热量增加，密度变小，体积膨胀，
产生上升热流，释放热量后下降

8 月球是如何诞生的？ ●25
原行星"忒伊亚"撞击地球，月球诞生

9 月球为什么有正面和背面? ● **28**
神奇的月球正面和背面差异巨大

10 北极星的位置真的不变吗? ● **31**
地轴位置移动,北极星也随之移动

11 深海海底的水压与金星的气压几乎相同? ● **34**
金星地表气压相当于深度900 m的深海压强

12 夏天和冬天的太阳高度为什么不同? ● **37**
地轴倾斜导致上中天的高度不同

13 为什么会发生地震?哪里容易发生地震? ● **41**
地震常发生在板块交界处

14 大型地震可能发生在哪里? ● **44**
板块的交界处或俯冲地带极易发生地震,而且会反复发生

第 **2** 章 火山学

1 岩浆到底是什么? ● **51**
根据硅酸盐主要成分二氧化硅含量可将岩浆分为四种类型

2 火山为什么会喷发? ● **54**
火山喷发就像庆功宴上打开的香槟

3 环太平洋地区为什么多火山? ● **57**
板块俯冲碰撞产生岩浆

4 富士山为什么会在那里? ● **60**
三大板块相互挤压孕育了富士山

5 富士山何时会喷发? ● **64**
如果下一次喷发像宝永大喷发那样严重,日本首都一带将遭受大灾

6 破火山口到底是什么？ ●**68**
破火山口好像一口大锅，是一处巨大的陷落凹形区

7 下一次灾难性火山喷发何时侵袭日本？ ●**71**
灾难性火山喷发已经进入倒计时

8 超级火山有哪些可怕之处？ ●**74**
平均气温下降十多摄氏度，热带雨林植物全军覆没，寒带针叶林死亡过半

9 板块构造会引发哪些现象？ ●**78**
板块是地球内部的散热器

10 热点火山是什么？ ●**82**
夏威夷和黄石火山谱写地球壮丽的篇章

11 冰岛为什么会出现频繁的火山喷发？ ●**85**
中央海岭和热点火山紧密相连

第 **3** 章 气象学

1 什么是全球变暖？ ●**93**
人为破坏自然平衡导致温室效应加剧

2 全球变暖导致北极冰川融化？ ●**96**
全球变暖，海水吸收热量体积膨胀，海平面上升

3 北极和南极哪里更冷？ ●**99**
是否有陆地导致南北极温度差异巨大

4 厄尔尼诺现象和拉尼娜现象相反？ ●**103**
南美洲和印度尼西亚的气压在玩跷跷板

5 为什么会产生高气压和低气压？ ●**107**
北半球低气压气流逆时针方向转动，高气压气流顺时针方向转动

6 为什么地球会刮风？ •110
北半球亚热带高空刮西南风，近地面刮东北风

7 为什么会出现焚风现象？ •113
空气越过高山的干绝热直减率和湿绝热直减率

8 为什么台风经常直击日本？ •116
台风与夏威夷高压和盛行西风密切相关

9 为什么会出现"游击暴雨"？ •120
暴雨增加，降水天数却在减少

10 为什么明明山上离太阳更近，气温却反而不高？ •123
空气中热量流失，气温下降

11 为什么会产生云？ •126
飘浮在空中的云其实是空气中饱和的水蒸气

12 为什么会产生龙卷风？ •129
龙卷风分为超级单体风暴龙卷风和非超级单体风暴龙卷风

第 ❹ 章 地质学

1 日本列岛是如何形成的？ •137
约7亿年前诞生，约2亿5000万年后将消亡

2 岩浆冷却后会形成宝石吗？ •142
除了钻石以外，岩浆很难形成其他宝石

3 为什么说地层可以记录地球表面的历史？ •145
地层可以帮助我们解读从地球诞生初期开始的地表环境变化

4 我们通过化石能发现什么？ •148
地层是地球历史的最好记录介质

5 日本现在还是"黄金之国"吗？ ● **151**
  1t矿石含有1g黄金，开采就能盈利

6 为什么会有鬼斧神工的地质奇观？ ● **153**
  自然界的风化作用将岩石雕刻成艺术品

7 什么孕育盘古大陆（超级大陆）并导致其分离？ ● **156**
  板块构造导致大陆诞生和分离

8 真的存在过"雪球地球"？ ● **160**
  "雪球地球"即全球冰冻现象

9 为什么史上体型最大的生物会大量灭绝？ ● **164**
  该生物灭绝后哺乳类动物诞生

10 白垩纪末恐龙灭绝的真正原因是什么？ ● **168**
  最主要原因可能是遭遇暗星云而不是陨石撞击地球

11 地球是如何出现产氧光合作用的？ ● **171**
  氧气浓度急剧增加，形成了地球独特的大气

12 为什么地球上有各式各样的岩石？ ● **174**
  地球是个大工厂，不断制造各种岩石

第1章

地球物理学

1 地球到底是如何诞生的？
地球由多种陨石分两个阶段聚集而成

距今约46亿年前，太阳系诞生。太阳和太阳系行星诞生于同一时期。最初星际气体旋转集中，密度增加，不久中心形成太阳，其余部分围绕中心旋转，形成原行星盘[1]。原行星盘中的固体尘埃不断从气体中析出。渐渐地，固体尘埃相互吸引集聚，很快形成岩石、小行星、行星以及卫星（图1）。没能成为行星的小行星、陨石以及月球上最古老的岩石均形成于46亿年前，因此我们推测，太阳系诞生于这个时期。

但地球没有保留住这种来自远古的记录。因为地球有板块构造，这是其他行星所不具备的。板块构造不断将古老的岩石转化为新物质。目前已知地球上最古老的岩石位于加拿大北部，年龄为40多亿岁。最古老的物质是一种矿物质，叫作锆石（晶体），年龄为43.7亿岁（图2）。这也能间接证明地球年龄大约为46亿岁。

研究地球岩石化学成分时，我们常常会对比地球岩石与来自其他行星的陨石。最终确定在众多陨石种类中，地球岩石与一种特定

---

[1] 原行星盘是在新形成的年轻恒星外围绕的浓密气体。

陨石（顽火辉石球粒陨石[1]）有近亲关系。

但这类陨石完全不含有能组成大气或海水的氢元素，仅靠顽火辉石球粒陨石无法孕育出地球这样的含水行星。研究显示，另一种陨石（碳质球粒陨石[2]）含有氢的同位素[3]（除了常见的氕外，还有氘和氚），提供了构成大气和海洋的主要成分氢。

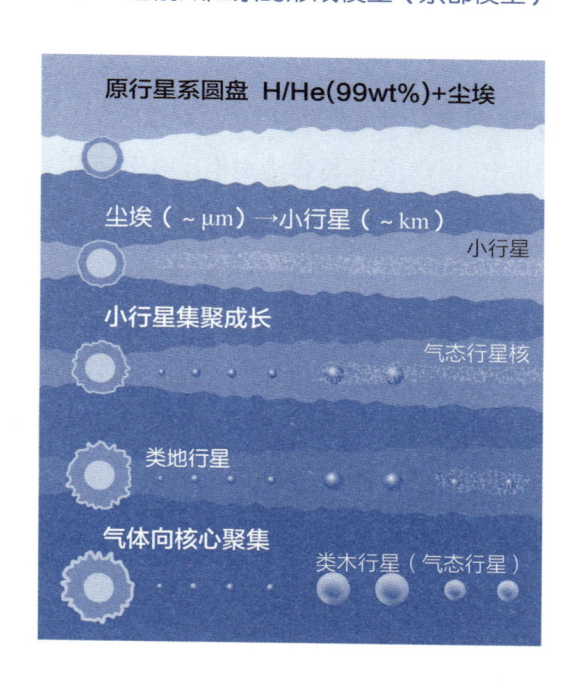

图1　目前太阳系的形成模型（京都模型）

原行星系圆盘　H/He(99wt%)+尘埃

尘埃（~μm）→小行星（~km）
小行星

小行星集聚成长
气态行星核

类地行星

气体向核心聚集
类木行星（气态行星）

---

[1] 顽火辉石球粒陨石是一种主要由顽火辉石组成的球粒陨石。
[2] 碳质球粒陨石是一种富含水与有机化合物的球粒陨石，它的成分主要为硅酸盐、氧化物及硫化物。
[3] 具有相同质子数，不同中子数的同一元素的不同核素互为同位素。

因此地球的起源实际上经过两个阶段：第一阶段顽火辉石球粒陨石集聚形成岩石或金属部分；第二阶段碳质球粒陨石进入地球。探测器在太阳系中环绕运行时发现，地球运行轨道周边曾存在过顽火辉石球粒陨石，火星外侧的小行星带内并没有含有氢元素等易挥发成分的物质，但小行星带外侧却有类似物质。由此可推测出<u>早期太阳系的原行星盘曾有大规模物质移动</u>。

顺便说一句，地球的兄弟——类地行星水星、金星、火星的起源也是如此。

距离太阳稍远的木星和土星是气态巨行星，而距离太阳更远的天王星和海王星则是冰态巨行星，由此可以看出物质稳定的条件随着距离太阳远近的变化而变化。

图2　最古老的物质锆石（晶体）的显微镜照片

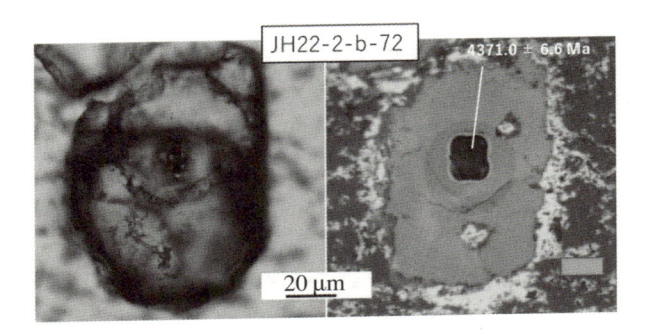

2 为什么行星绕太阳旋转的轨道是椭圆形？

一场科学革命——发现行星的公转轨道是椭圆形

"地球以太阳为中心做圆周运动。"这是一个很大的谬误，正好趁此机会解开这个谬误。

17世纪的天文学家约翰尼斯·开普勒根据大量天体运行观测结果总结出行星运动的"开普勒定律"。**开普勒第一定律：每一颗行星沿各自的椭圆轨道环绕太阳运动，而太阳则处在椭圆的一个焦点上。**在此之前科学界普遍认可哥白尼的"日心说"——行星围绕太阳做圆周运动。但开普勒经过更加精密的观测及科学分析，发现运行轨道呈椭圆形。不仅仅是椭圆形轨道这么简单，它为后世牛顿的"万有引力定律"及"力学"领域的出现铺平了道路，这一伟大发现可以称为一场科学革命。

火星的观测记录在开普勒的研究中起到了重要的作用。**椭圆是变形的圆，变形程度用偏心率来衡量。圆的偏心率为零，数值越高则变形越严重。地球轨道的偏心率为0.0167，而火星轨道为0.0934，几乎是地球轨道偏心率的6倍。**

那么，偏心率变化会带来哪些影响呢？

椭圆形轨道决定了地球与太阳之间的距离在不断变化。离太阳最近时的"近日点"和离太阳最远时的"远日点"的距离差与偏心率有关。地球在近日点与太阳距离为1.471×10^8 km，在远日点距离为1.521×10^8 km。而偏心率更大的火星近日点距离为2.067×10^8 km，远日点距离为2.492×10^8 km（图1）。差距如此之大，造就了火星与地球气象上的诸多差异。

轨道偏心率

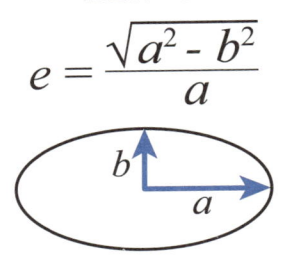

$$e = \frac{\sqrt{a^2 - b^2}}{a}$$

图1 火星公转轨道

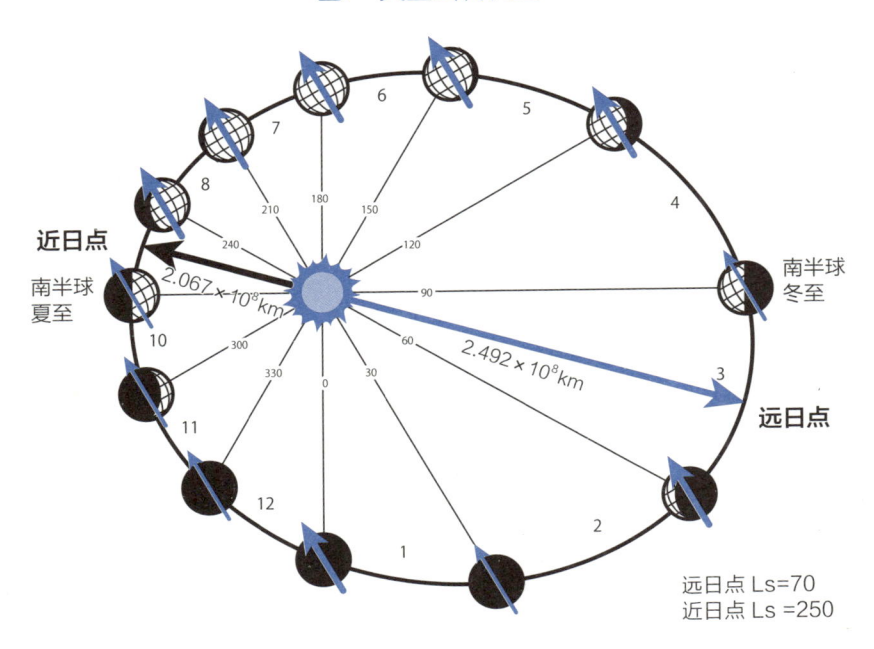

近日点
南半球夏至
2.067×10^8 km

南半球冬至

2.492×10^8 km

远日点

远日点 Ls=70
近日点 Ls=250

行星表面的温度主要由接收到的太阳能量决定。在近日点时接收到的太阳能量高，地表温度就高；在远日点时接收到的太阳能量低，地表温度就低。远、近日点地球接收到的能量相差7%左右，火星应该能达到30%。火星位于近日点附近时刚好是火星南半球夏天，所以南半球的夏天会极端炎热。地球就没有如此显著的温度差距。

那么，为什么火星的偏心率会如此之大呢？因为它的外侧有体型巨大的木星，木星引力影响导致火星偏心率较大。

3 地球绕地轴转动带来什么影响？
因地球自转轴倾斜而产生季节更替

温带地区四季分明，夏季炎热，冬季寒冷，人们享受四时变化的乐趣。那么春夏秋冬四个季节到底是如何产生的呢？

地球沿椭圆形轨道绕太阳公转，地球与太阳的距离以年为周期变化，这是季节变化的原因吗？

不仅是在我国，世界其他地区也有季节更替，北半球夏季时南半球正是冬季。如果地球与太阳的距离变化是季节更替的原因，那么南半球不该与北半球季节相反。

其实地球自转轴倾斜才是出现季节变化的真正原因。地球的自转轴并不是垂直于其本身绕太阳公转的轨道平面（黄道面），而是倾斜了大约23.4°（图1）。

地球自转轴倾斜的方向随着公转位置的变化而变化。所以北极一端和南极一端都有靠近太阳的时候。**地球绕自转轴自转，北极一端向太阳倾斜时，北半球接收到的太阳能量就强。详情参看图2。**

夏至时太阳光直射北纬23.4°，北半球白天最长，接收到的太阳能量远大于南半球（图3）。（参看后文："夏天和冬天的太阳高度为什么不同？"）

难道太阳与地球间的距离变化不影响季节更替吗？

地球沿椭圆形轨道公转，离太阳最近的点叫近日点。现在近日点在冬至点附近。也就是说北半球冬季时地球离太阳较近。

地球的公转轨道接近正圆形，远日点距离和近日点距离仅相差3%，接收到的太阳能量仅相差7%左右。而地球自转轴倾斜带来的影响则更大。

那么地球的自转轴为什么会倾斜呢？

月球围绕地球公转与地轴倾斜有密切关系，这在"月球是如何诞生的"一节中有解释。在46亿年前地球似乎发生过剧烈碰撞，这也可能导致地轴倾斜。

图1　地球的自转轴倾斜

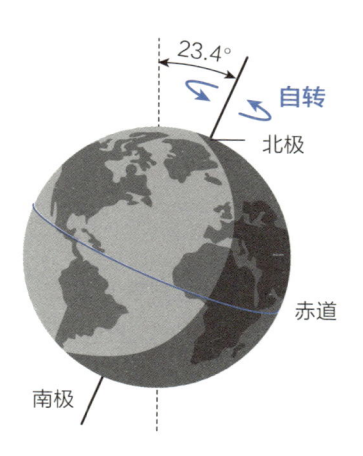

图2 自转轴倾斜的地球与太阳的位置关系

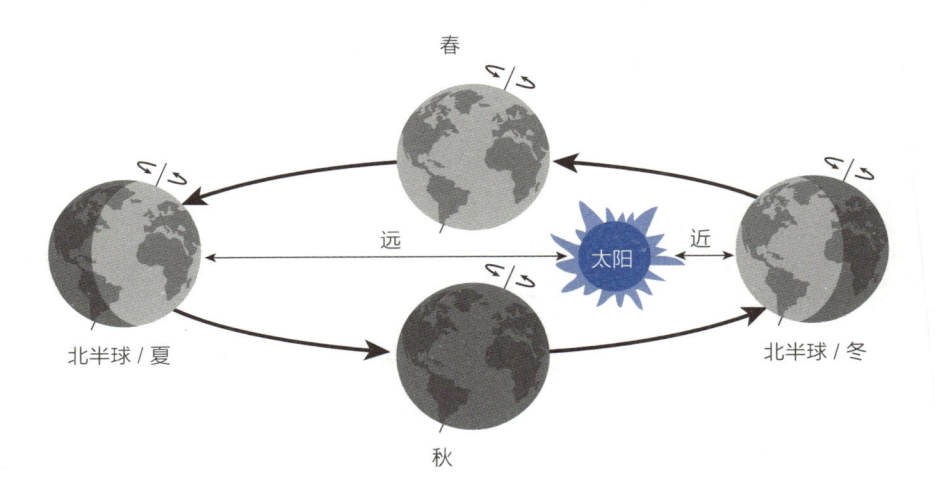

春

远　太阳　近

北半球/夏　　　　　　　　　北半球/冬

秋

图3 夏至时太阳光与地球的关系

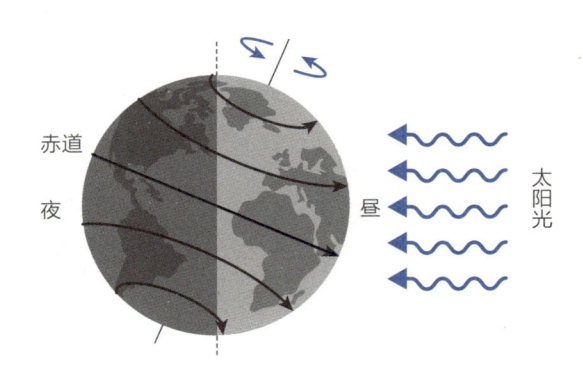

赤道

夜　昼　　太阳光

4 地球磁场如何产生的？发生过逆转吗？
磁场移动，地球的南北极发生逆转

现在的地球自转轴基本是一端指向N极，一端指向S极，地球像条形磁铁（磁偶极子磁场）一样存在磁场（图1）。目前普遍认为地核内液态铁的流动产生电流从而使地球成为一个电磁石（发电机理论）。**不仅地球有这样的磁场，太阳系中的许多天体如水星、木星、土星等都存在这种特性。**火星虽然现在没有磁偶极子磁场，但数十亿年前曾经有过。只有金星是个异类，没有磁场。

地球磁场的结构曾发生过很大变化。首先南北磁极的位置大体上与地轴指向一致，但随着时间推移会不断变动。在20世纪的100年间移动距离超过1000km。因此现在所谓的北与几百年前的北所指位置并不相同。

另外磁场强度也不断变化，如图2所示近200年间磁场不断减弱。按现在的状态发展，在不久的将来磁场可能会消失，电影《地心末日》所描述的世界可能会降临。除此之外，磁场方向也发生过变化。检测岩石中残留的过去磁场方向发现，曾经在某个时期，磁场方向与现在完全相反：**南极是北极，北极是现在的南极。地磁场发生了逆转！**

研究过去的史料，我们可以发现现在的地磁方向也不是一成不变的，正转和逆转状态都曾经出现过。最近一次逆转期从距今259万年持续至77万年，由日本京都大学的松山基范教授发现，因此被命名为"松山反向极性时"。

那么磁极为何会倒转？原因有哪些？很遗憾，目前尚无定论，这对于研究者来说或许是件好事。

与地球其他性质相比，地磁场有很大不同，它随着时间的推移会产生巨大的变化：磁极移动、强度变化、磁极逆转。

地磁场可以说是我们的保护伞。来自太阳的强大带电粒子流（通常叫太阳风），受到地磁场作用发生偏转，免于直射地球。如此强大的带电粒子流如果直接轰击地球，地表生物将被破坏，因此我们可能要根据地磁场的变化防卫太阳风侵袭。

那么，如果地磁场持续减弱，磁极方向发生逆转，地球将会变成什么样呢？

图1 地球磁场及磁力线方向

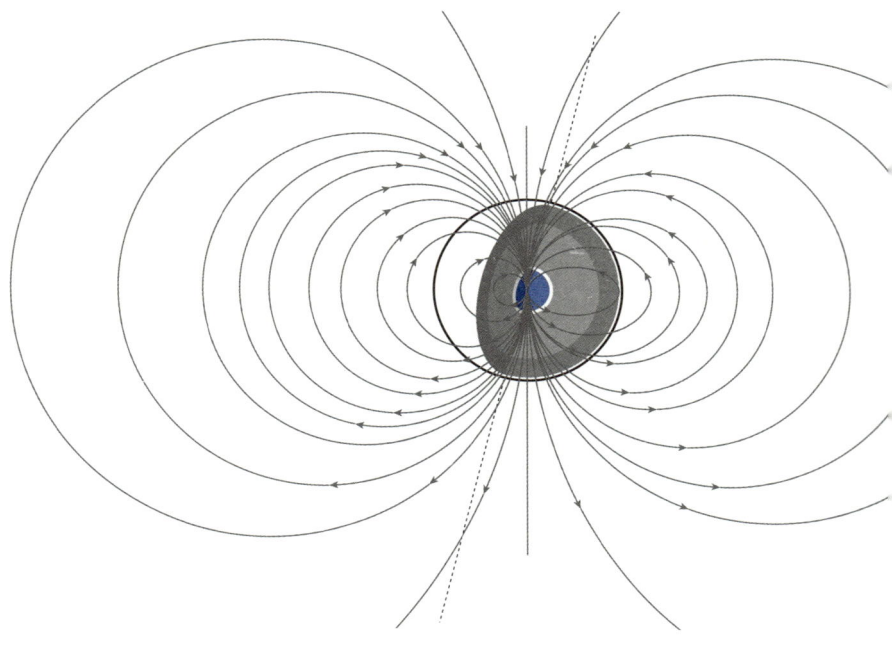

摘自：维基百科

图2 地球磁场强度的变化

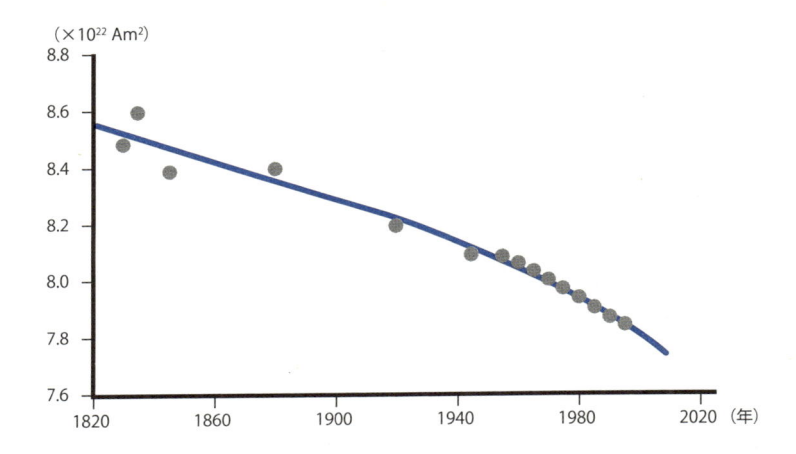

(×10²² Am²)

横轴:1820 — 2020(年)
纵轴:7.6 — 8.8

摘自:日本气象厅气象研究所

地球的磁场强度持续降低!

5 地球自转何时停止？
地球自转速度放缓，月球距离地球越来越远

你是不是认为一天24小时是地球自转一周的时间？如果这样想你可就错了。一天是指太阳连续两次经过上中天[1]的时间间隔。因为地球绕太阳公转，所以每过一天上中天位置都有所不同，上中天和自转时间会有偏差。地球自转一周是23小时56分，比一天少4分钟（图1）。

时间以前用一天的时长来计量，现在采用原子时秒长为基础计量，与天体运行完全无关，但更加精确。随着计量精度的提高，我们发现地球自转的速度变化也很大。比如不同季节，大气运动——风会加快或减缓地球的自转速度（图2）。因此自转会随着季节的变化而产生微妙的变化。

有时会看到新闻说加入"闰秒"（只有"加入"，没有"减去"），这也就意味着一天的时间越来越长。

由此我们不难发现，地球的自转速度在放缓，绕太阳公转的速度大致恒定不变的情况下，一年的天数逐渐减少。

---

[1] 上中天指观测者观测到天空上的天体运动经过的最高点，也就是最接近天顶的位置。

是的，地球曾经一年有400天左右（和现在差距很大吧，仅仅在距今约4亿年，见表1）。如此下去，或许有一天地球会停止自转。

为什么自转速度放缓了呢？因为海底和海水间产生的摩擦力像踩刹车一样。

物理定律告诉我们旋转时动量守恒（角动量守恒定律），那么因自转变慢而减少的自转角动量去哪里了呢？

潮汐力的作用使得它们转化为月球公转轨道角动量。所以在地球自转速度放缓的同时，月球也被迫加速公转，逐渐远离地球（目前每年约为4 cm）。由此也可以推论出，距今4亿年前，1年有400天左右，月球离地球比现在近，看起来也更大些。

图1　一天时间比自转一周的时间要长

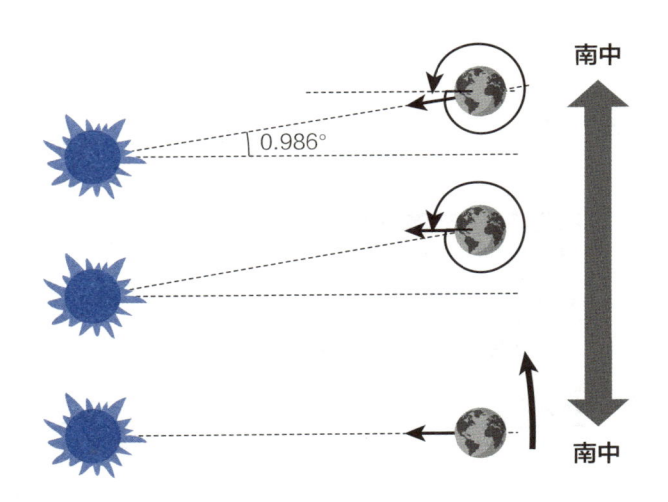

图2　自转速度受大气运动影响

> 自转速度因风的摩擦力变化而变化

表1　从古至今一年天数的变化

时间	1年天数
现在	365.25
7千万年前	370.33
3亿年前	387.50
3亿8000万年前	398.75
4亿4000万年前	407.10

> 一年的天数变少了呢!

6 太阳的寿命还有多少年?
太阳是中等质量恒星,恒星质量越大寿命越短

太阳中心的高温高压环境,促使氢元素核聚变为氦,产生太阳辐射。行星因质量不够大,中心没有如此高温高压的环境,而无法产生核聚变,因此没有进化为"恒星",而停留在"行星"阶段。

氢作为核聚变的燃料,一旦消耗殆尽,太阳也就走到了生命的尽头。那么太阳的寿命到底还有多少年呢?

宇宙中有比太阳质量大10倍甚至100倍的恒星,燃料如此丰富的大恒星是否寿命更长?

有趣的是,越是质量大的恒星,内部的温度和压力越高,核聚变的效率也更高,燃烧殆尽的速度反而更快。倒是质量小的恒星,核聚变速度相对缓慢,发光的时间更长(图1)。质量是太阳3倍的恒星寿命为10亿年,质量是太阳25倍的恒星寿命更短,只有区区几百万年。以前有个国家的车很大,因此燃料箱也很大,开起来耗油严重,而当时的日本车体型较小,燃料箱也小,省油开得远,其中原理可能与此类似。

我们的太阳算中等质量的恒星,理论上它的寿命有100多亿年。从诞生至今,太阳已经度过了46亿年,还可以继续发光发热至

少50亿年。

地表环境主要受太阳辐射影响，因此太阳的未来与地球的未来息息相关。

随着核聚变的进行，太阳内部温度不断升高，体积不断膨胀，在末期直径将达到现在的100倍（图2）。 它的体积范围将超过目前水星的运行轨道。不难想象，到时候地球与太阳之间的距离将缩短，地球受太阳辐射将暴增，地表气温也会随之上升。

图1 恒星的寿命与恒星的表面温度

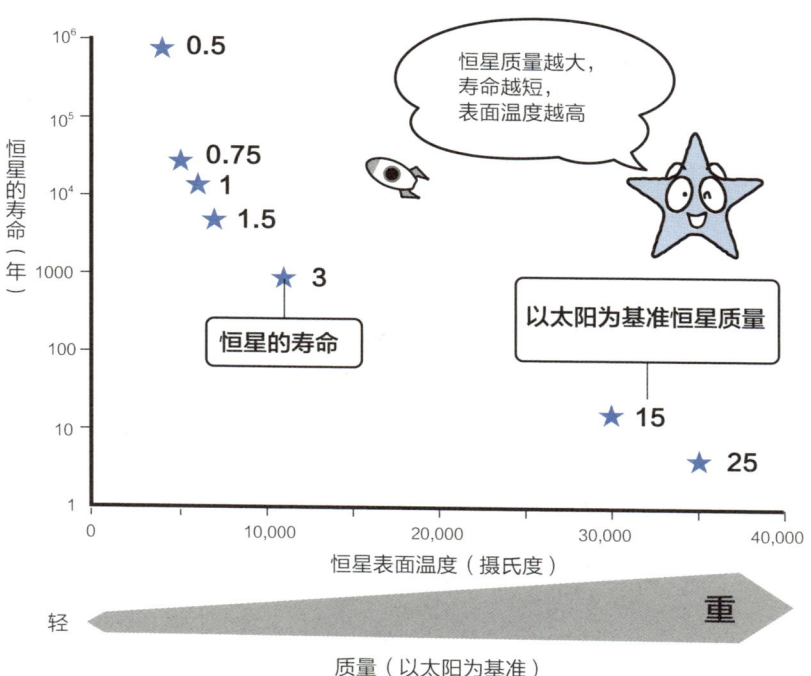

恒星质量越大，寿命越短，表面温度越高

以太阳为基准恒星质量

恒星的寿命

纵轴：恒星的寿命（年）
横轴：恒星表面温度（摄氏度）

数据点：
- 0.5
- 0.75
- 1
- 1.5
- 3
- 15
- 25

质量（以太阳为基准）：轻 → 重

当太阳膨胀到这个程度时，构成太阳的氢散出到太阳边缘，周围的环境会变得非常严酷。太阳过于明亮，在它的照耀下，地球的未来将会非常黑暗。

图2　太阳的体积变化

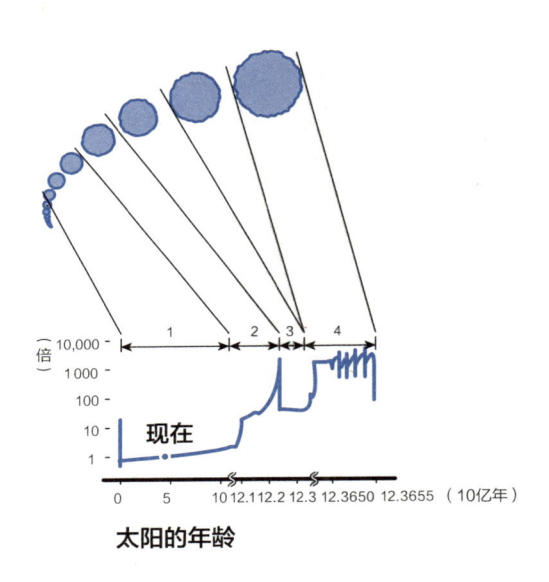

7 为什么会产生地幔对流？
地幔由于热量增加，密度变小，体积膨胀，产生上升热流，释放热量后下降

先稍微休息下，我们来做个简单的小实验放松心情。去便利店买一瓶碳酸饮料和一些葡萄干。往饮料里放几粒葡萄干，观察下会发生什么现象。葡萄干上下漂浮，竟然在水里跳起舞来！

这是一个有名的实验，叫作"会跳舞的葡萄干"（图1）。仔细观察你会发现这种运动形式颇有趣味。刚投进去时你以为它们会默默地沉到水底，结果突然浮了起来，浮到水面后又像游泳健将一般转身扎入水中。有的完全浮了起来，有的浮到半路浮力不够又沉了下去。"加油！"看着看着会禁不住想给这些可爱的葡萄干鼓劲儿。

葡萄干的密度明明比水大，为什么能浮起来呢？

仔细观察你会发现，二氧化碳气体（小气泡）默默地附着在葡萄干皱皱巴巴的表面。小气泡的密度很低，许多小气泡附着后使葡萄干整体密度变小漂浮起来，等浮到水面时气泡破裂，葡萄干密度"恢复"，又沉了下去。这一系列的循环运动使得饮料瓶底的二氧化碳释放到空气中。地幔中的对流运动原理与此相同。

在地幔中，热量充当了二氧化碳气泡的角色，岩石和矿物就是葡萄干。岩石在高温的地幔软流层中受热，温度升高，密度变小，体积膨胀，开始上升，上升到地表附近时热量释放出来，密度变大，又沉了下去（图2）。

图1　为什么葡萄干会上下起舞?

为什么会浮起来?
表面附着二氧化碳气泡，整体密度变小了

为什么会下沉?
浮到水面后二氧化碳气泡脱离，整体密度变大了

这种上升又沉降的循环运动叫作**热对流**。地幔的热对流运动引发了许多地质现象。遗憾的是，热量是看不见的，不能像观察附着在葡萄干上的小气泡一样观察它。

日本国民作家夏目漱石的弟子寺田寅彦是一位随笔作家、诗人，也是一位物理学者。他看着茶杯中的热水冒白气想到热对流运动，那么我们也一起看着会跳舞的葡萄干想象地幔热对流吧。

图2 地球内部是什么样的?

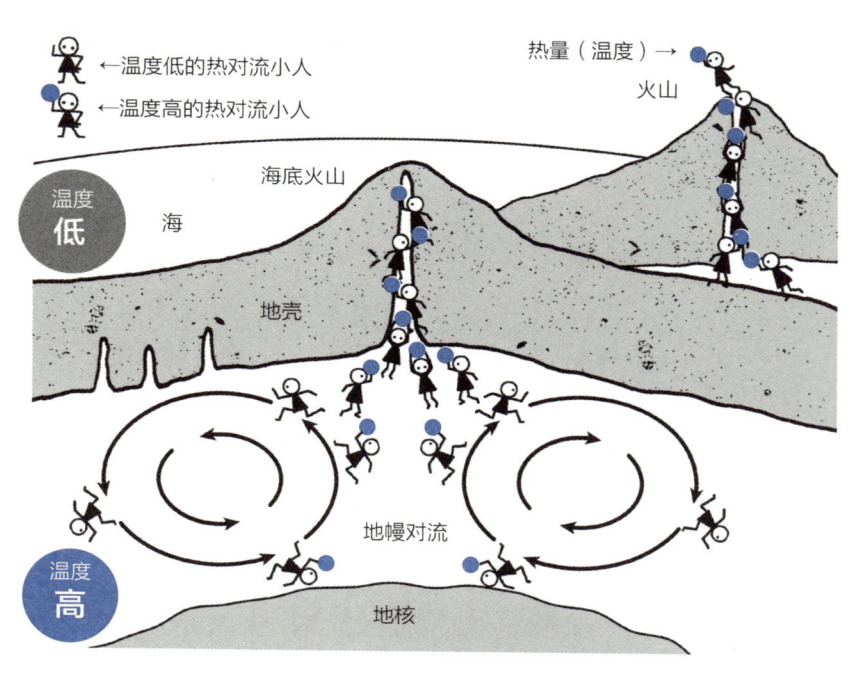

←温度低的热对流小人
←温度高的热对流小人

热量（温度）→
火山

温度 低

海
海底火山
地壳

地幔对流

温度 高

地核

摘自：[日] 山科健一郎、栗田敬的《探访地球内部》（日本福音馆1998年出版）

8 月球是如何诞生的？
原行星[1]"忒伊亚"撞击地球，月球诞生

在整个太阳系中，地球的卫星月球是直径第五大的卫星。它的质量大约是地球的1/80。其他许多行星的卫星体积不到母星的1/1000，月球作为地球的卫星，体格实在异乎寻常。

关于月球的起源，有以下几种主流说法：和地球几乎是在同一区域、同一时期产生（同源说）；本来是地球的一部分，后来由于地球转速太快，把其中一部分物质抛了出去（分裂说）；本来是一颗小行星，偶然运行到地球附近，被地球捕获（俘获说）；巨型陨石撞击地球，月球诞生（giant impact，大碰撞说，图1）。研究者们研究了这几种假说的真实性。

他们发现，月球虽然岩石成分与地球的地幔成分相近，但没有像地球一样拥有富含金属（主要是铁）的内核。因此"同源说"站不住脚。地球自转产生的离心力很难克服地球自身重力，将体量如此大的部分抛出去，所以"分裂说"也被否定。而"俘获说"也有不少人反对，因为地球能捕获月球这样大的天体，概

---

[1] 原行星是在原行星盘内大小类似月球尺寸的胚胎行星。

率实在太低。

在大约46亿年前，早期太阳系中的小行星们在不断互相碰撞，逐渐合体形成行星。在地球形成早期，密度不同的金属和岩石逐渐分离，金属形成地核，而岩石在其外围形成地幔。此时一颗原行星撞击地球，地球外侧的地幔被撞裂，部分脱离地球，这些碎片没有落回地球，而是绕地球旋转聚集，最终形成月球，所以月核的主要成分是岩石。

图1　月球起源学说——大碰撞说

一些科学家通过模拟计算证明，一个大小接近火星、直径约为地球一半的原行星撞击地球，从而产生月球。"大碰撞说"也可以解释为什么月球缺乏"挥发性元素"，形成初期表面有广泛的岩浆海等现象。

"大碰撞说"被认为是当今较为合理的月球起源学说，撞击地球的那颗原行星被命名为"忒伊亚"。有科学家进一步提出"忒伊亚"以相对地轴45°倾斜撞击地球，导致地球倾斜，地轴不再垂直于黄道面（图2）。而地球也因此产生了四季。

图2　"忒伊亚"碰撞地球

9 月球为什么有正面和背面？
神奇的月球正面和背面差异巨大

"任何事物都有正反两面。"这是我们从孩子成长为大人必学的一个道理。月球也是如此,它的正面和背面十分神秘,隐藏了许多连大人都无法解开的谜团。

月球总是只有一面正对着地球(正面)。因为它绕地球的公转周期大约是28天,和其自转周期恰好一致,被称为"同步自转"。太阳系中许多卫星都有这种现象,是行星间的潮汐引力作用的结果。

探测器登月后发现,月球的正面与背面完全不同。它的正面平均高度较低,主要由较暗的"月海"和较亮的"月陆"组成。月球背面高度较高,基本是高地。高地的主要成分是一种白色岩石,叫作斜长石。在月球形成初期,斜长石从熔融状态的地幔中大量析出、堆积,逐渐形成高地。而月海的主要成分是后期喷发的玄武岩。因此月球的背面比正面更为古老,环形山也更多(图1、图2)。

那么为什么会有这种"表里不一"的天体呢?

实际上,不止月球,其他天体也会出现这种现象,被称为"二分性"。比如火星的南半球比北半球高,历史也更古老。其原因目

图1　月球正面

图2　月球背面

正面环形山较少，高度低，分布着较暗的"月海"和较亮的"月陆"

背面相反，环形山较多，高度高，遍布高地

前仍是未解之谜。

回到刚才的话题,月球到底为什么正反面差距如此之大呢?

远古时期的月球比现在离地球更近,绕地球公转周期也更短。是斜长石从岩浆结晶析出时,被甩到了外侧?还是由于斜长石构成的高度较高部分转到了背面(距离地球较远一面)?目前仍然迷雾重重。

10 北极星的位置真的不变吗?
地轴位置移动，北极星也随之移动

地球一天（更精确时间为23小时56分）自转一周。在夜空中，闪烁的恒星看起来位置几乎没有变化，因为它们与地球相距甚远。地球自转使得我们认为星星们仿佛绕着地轴旋转。而北极星恰好处于地轴延长线上，所有的星星宛如围着北极星转动一般。

北极星真的是静止不动的吗?

其实在宇宙中所有的星星都在不断运动。只是因为地球与大多数星星距离遥远，我们在地球上很难察觉到。这种运动状态被称为天体的自行运动。太阳（太阳系也是）也以非常快的速度在银河系中运动。

那么，地轴会移动吗?

只要地轴位置移动，其延长线上的北极星也会随之转动。地球运动也遵循角动量守恒的物理法则，所以地轴位置不会有太大变化，但轻微移动还是有的。

我们在桌子上转起一个陀螺，仔细观察可以发现，它的中心旋转轴也在小幅度旋转。这种运动形式被称为进动，也叫陀螺进动（图1）。

地球进动以4万年为周期，所以地轴位置移动很小，小到可以忽略不计（图2）。但是研究地球进动绝不是鸡蛋里挑骨头。米兰科维奇理论认为地球轨道离心率、自转轴倾角、地球进动、岁差运动等所产生的少量变动会促使气候变化。由此可见，这可能直接关系人类的未来，所以我们必须要认真研究。

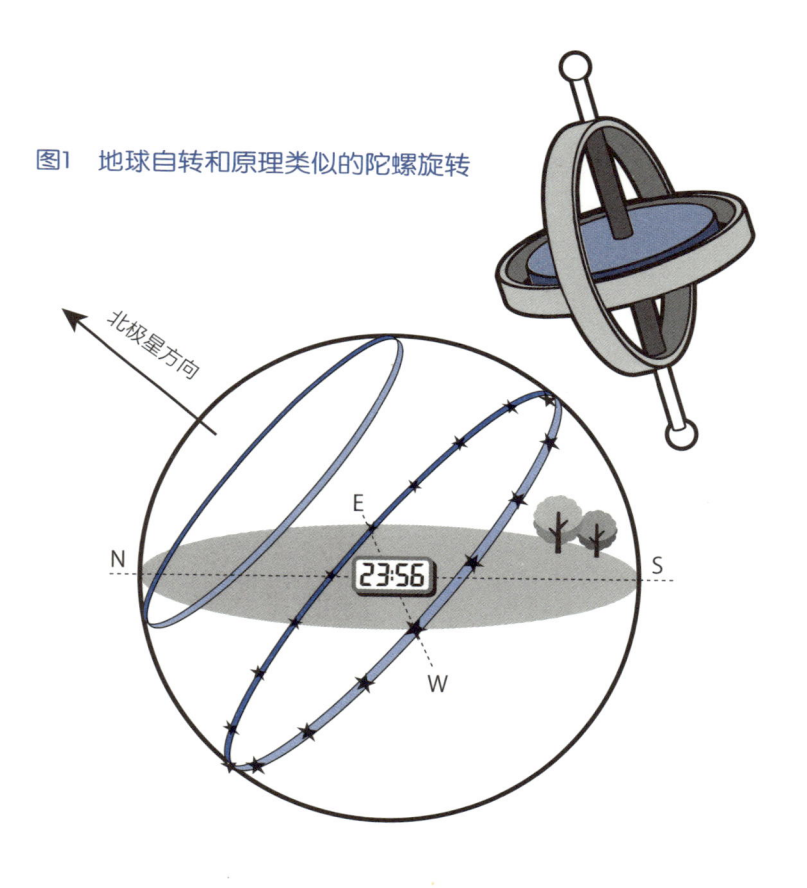

图1　地球自转和原理类似的陀螺旋转

图2　地球进动

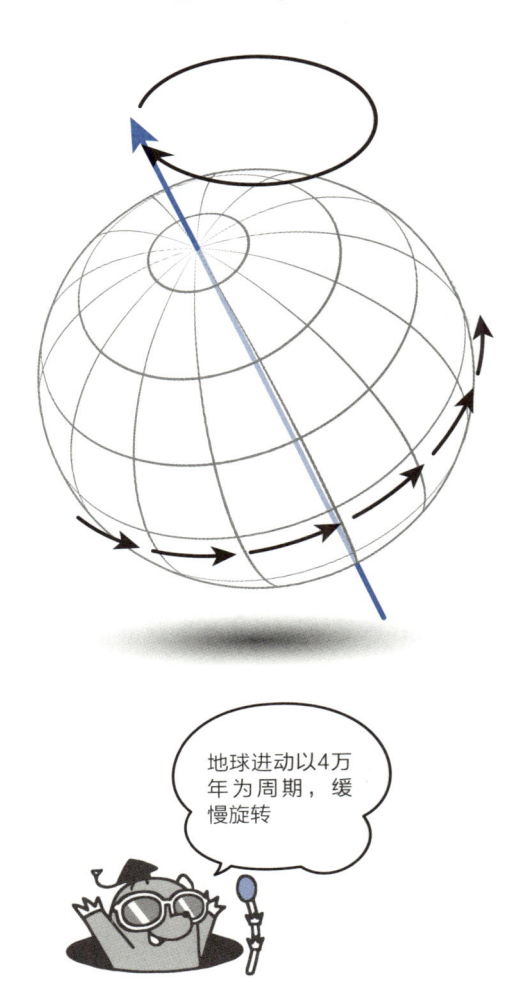

地球进动以4万年为周期，缓慢旋转

11 深海海底的水压与金星的气压几乎相同？
金星地表气压相当于深度900 m的深海压强

地球最深的海沟——马里亚纳海沟最深处可达10,920 m[1]。**在海洋中，水深每增加1000 m，压力增加100个大气压。**所以马里亚纳海沟深处压力大约有1000个大气压。而在地球地表上，海拔0 m的压力为1个大气压。也就是说深度1000 m的海底压力是平地上的100倍。也就难怪适应如此压力的深海鱼类一旦被捕到海面，就会因压力骤减而死亡。

金星的体积比地球稍小一些，质量约是地球的0.82倍，不论是体积、质量还是密度，都是太阳系中和地球最接近的行星，有地球的"姐妹星球"之称。但是金星地表海拔0 m的压力可不是1个大气压，而是90个大气压。如果类比地球上的海洋，相当于深度900 m的深海海底的压力，相当不可思议。

地球的大气层主要由氮和氧构成，**金星的大气则富含高浓度的二氧化碳（约96.5%）**。地球平均地表温度为25℃（平均气温15℃），金星地表温度则达到460℃，简直是烈焰地狱。

---

[1] 2020年11月10日8时12分，中国"奋斗者"号载人潜水器在马里亚纳海沟成功坐底，坐底深度10,909 m。

这样残酷的环境自然无法孕育人类,甚至一切生命形式都无法存在,当然也没有充满液态水的海洋。

为什么地球和金星的表面环境差异如此之大呢?

一方面原因是金星比地球更接近太阳,还有一个更重要的原因是大气的成分。大家知道近年来由于地球大气中二氧化碳含量增加,温室效应愈发严重。二氧化碳吸收热量,引发全球温室效应。金星大气的主要成分就是二氧化碳,温室效应当然更加显著(图1、图2)。

图1　金星上的云

美国国家航空航天局的艾姆斯研究中心向金星发射了"先锋号"探测器,左图为探测器1979年2月利用紫外线拍摄的明亮的金星云层

地球自转一周的周期约为24小时,金星的自转周期为243天,比地球慢得多,所以金星的一部分会长时间暴露在太阳的炙烤下。这也是金星表面温度极高的主要原因。

除了地表环境和自转速度不同以外,地球和金星的磁场差异也很大。地球双极磁场很强，而金星的磁场则极弱。所以在金星上无法使用磁石定位。

金星地表压力大温度高，人类如果登陆到金星上连站都站不住……

图2　类地行星的大气

金星的大气

二氧化碳（96.5%）
氮（3.5%）
二氧化硫（0.015%）

90个大气压　460℃

地球的大气

氮（78%）
氧（21%）
氩（0.9%）
水蒸气（0.2%）

1个大气压　15℃

火星的大气

二氧化碳（95%）
氮（2.7%）
氩（1.6%）

0.006个大气压　−50℃

12 夏天和冬天的太阳高度为什么不同？
地轴倾斜导致上中天的高度不同

地球不停自转，在地球上观察其他天体，我们就能看到它们从东边地平线升起，沿着圆弧轨迹下沉到西边地平线。当天体过子午圈，上升到天球最高的位置，叫作"上中天"。太阳运行到子午圈时，我们抬头看它，恰好上升到天空中最高的位置。

如果像图1那样，地球自转轴垂直于黄道面，那么一年中太阳在上中天的位置不会发生变化。但实际上地球自转轴和黄道面呈23.4°的夹角，所以太阳在上中天时和地平线也形成了一定的夹角，也就是说上中天高度随着季节的变化而变化。

图2展示了夏至、冬至以及春分和秋分在地球上看到的太阳的方向。在北纬23.4°地区夏至时、南纬23.4°冬至时，以及赤道春秋分时，在当地可看到太阳位于天顶。

那么，太阳在天球上的运动轨迹如何呢？

我们以北纬36°的居民为例，也就是中国的青岛、安阳、临汾、兰州一带。

在夏至时，当太阳位于上中天时，这些地区的居民看到的太阳高度与正南方向的夹角为36°减去23.4°，即偏离正南方向12.6°，与地平面呈77.4°的夹角。春秋分时，太阳位于天顶偏南36°，与地平面夹角为54°。冬至时，太阳位于天顶偏南36°加上23.4°，也就是59.4°，与地平面夹角仅为30.6°。图3展示了太阳高度如何随季节的变化而变化。

当太阳上升到某地点的天顶时，该地点单位面积受到的太阳辐射最强。 春分到夏至之间，北半球受到的太阳辐射大于南半球；秋分到冬至再到春分之间，南半球受到的太阳辐射大于北半球。

图1　假设地球自转轴垂直于黄道面，此时太阳的高度

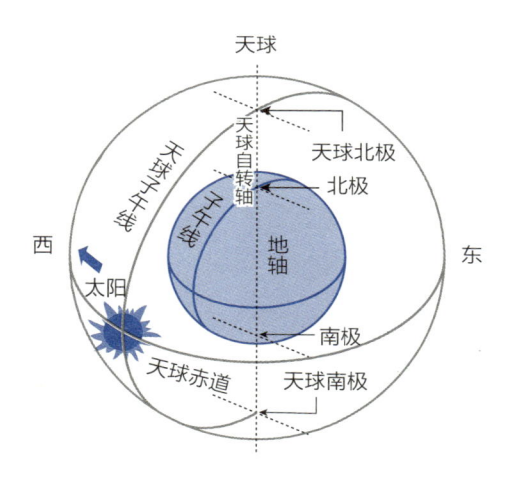

子午线，也叫作经线，是指想象沿南北极纵向切开地球，顺着地表切痕形成的连接南北极的弧线。假设地轴垂直于地球黄道面，一年中的上中天时，太阳位于天球上的位置不变

图2 从地球观察太阳，太阳位置的季节变化

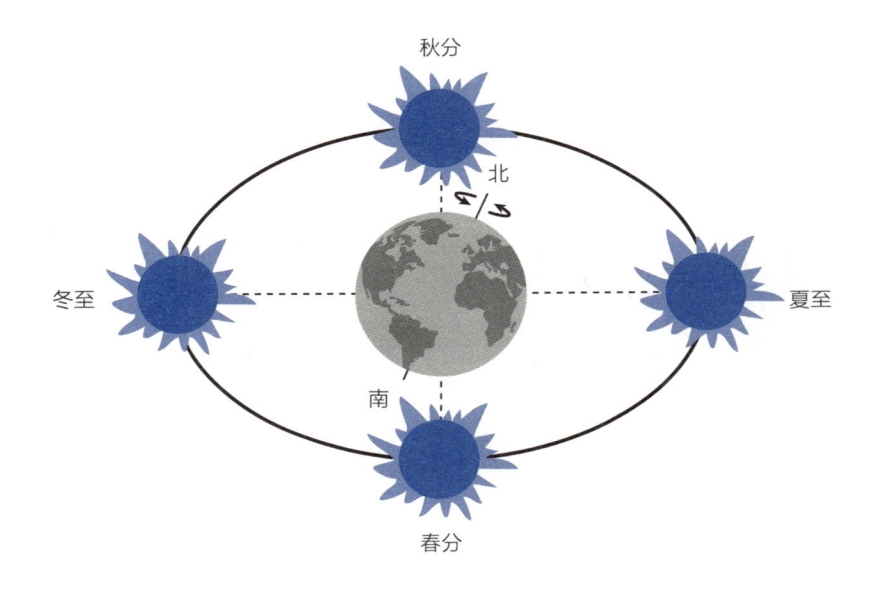

夏至、冬至、春分、秋分时站在地球上观察到的太阳方向。当太阳到达天顶时，夏至太阳光直射北纬23.4°，冬至直射南纬23.4°，春秋分直射赤道

图3 太阳高度随季节的变化而变化

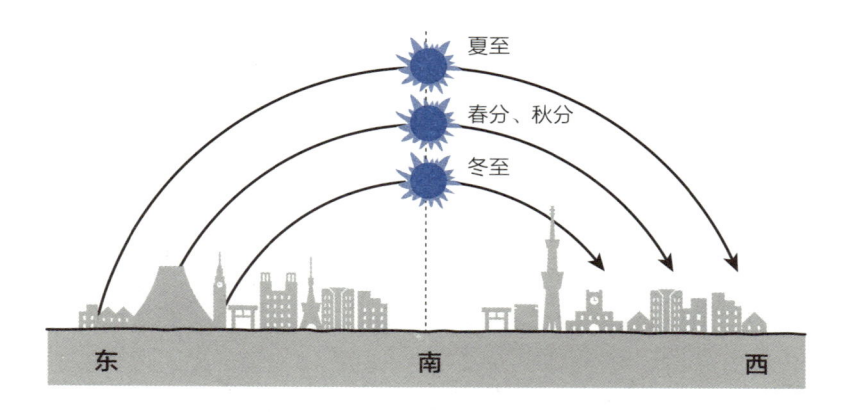

北半球夏至时,太阳高度最高,春秋分时居中,冬至时最低

13 为什么会发生地震？哪里容易发生地震？
地震常发生在板块交界处

物质的状态分为气态、液态和固态三种。比如H_2O的状态有水蒸气、水和冰三种。固态和液态的区别之一就是是否能保持一定的形状。液态水无法保持一定的形状，所以需要倒入杯子或锅等容器中。

当然，固体能保持一定的形状，也就意味着无法轻易改变形状。如果我们对固体施加外力促使其形变，它会有一个反作用力阻止形变，一旦外力超过固体承受范围，它会被破坏。这种破坏是固体特有的现象。

地震就是一种破坏现象。从以上举例我们可知，地震（破坏）产生有两个必要条件，一是有硬度的固体，二是有力的作用。

地球内部温度极高，形状接近柔软的液体，近地表时温度下降，凝结成固体（图1）。所以地震只会发生在地表一带。坚硬的固体地表像一块板在不停地运动，称为板块。

地球表面由若干板块组成。这些板块挨在一起，向着不同方向运动，彼此碰撞，产生力的作用（图2）。所以地震多发生于板块交界处。造成板块运动的原因是地幔运动——地幔对流。

当然也有地震与地球地震的形成机制完全不同。在月球内部

800 km深处，有月震（也叫作深层月震）。月震震感比地球小得多，但发生频繁，大约2周发生1次。

导致月震的力是地球引力（潮汐力）。月球引力引起地球上潮涨潮落，地球引力引发月球内部地震。但月震的震源为何在内部800 km的深处，目前仍是一个谜。

图1　地球的形态（用西瓜模拟）

地球表面温度低，地表一带硬度高，易发生地震

炙热的内部
▼
柔软

冰冷的表面
▼
坚硬

图2 板块运动模型

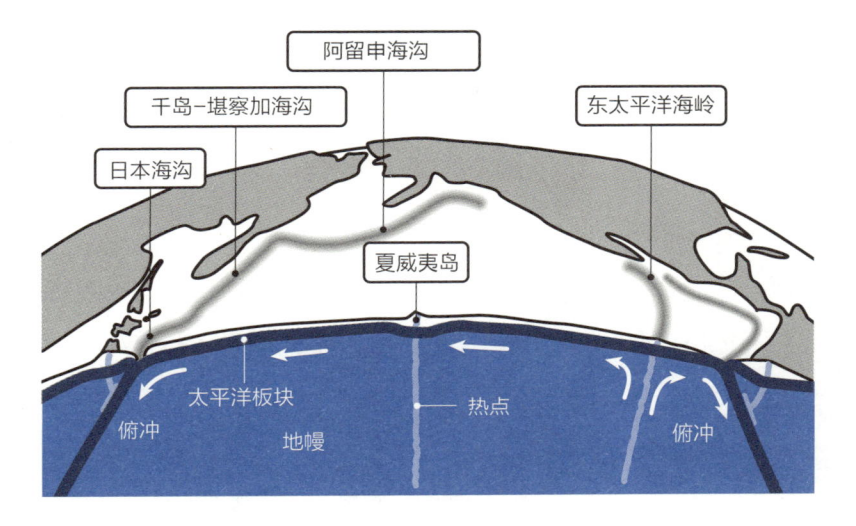

摘自：日本气象厅数据

14 大型地震可能发生在哪里？
板块的交界处或俯冲地带极易发生地震，而且会反复发生

产生地震需要两个必要条件：一是该地点是坚硬的固态；二是有力的作用。两个板块的交界处或俯冲地带极易发生地震（图1）。太平洋板块向欧亚板块俯冲一带，也就是阿拉斯加半岛—堪察加半岛—千岛群岛—日本房总半岛海域等地点，因经常发生8级以上巨大地震而特别有名。

此外，菲律宾海板块沉入西南日本之下的南海海沟处经常发生巨大地震。中美洲到南美太平洋一侧的俯冲带也是如此。

板块以每年几厘米的速度运动、俯冲，导致地震反复发生。

我们可以参考西南日本，其相关资料记载较为翔实。表1展示了南海海沟过去发生过的大地震，这里几乎每100～150年发生1次8级地震。因此，南海海沟一带未来很有可能再发生地震。

大家一定要记住，地震并不是一次爆发力量被释放后就会结束。日本西南部地区保留了大量史料，详细记载了相关内容。但遗憾的是，人们还不太清楚其他很多地区的真实情况。不过在1995年的阪神淡路大地震（7.3级）、2011年的东日本大地震（9.0级）以及2016年的熊本地震（7.3级）中，新闻媒体现场直播了灾区人民受灾的惨状，震撼了全日本。

图1　地震主要发生在板块交界地带

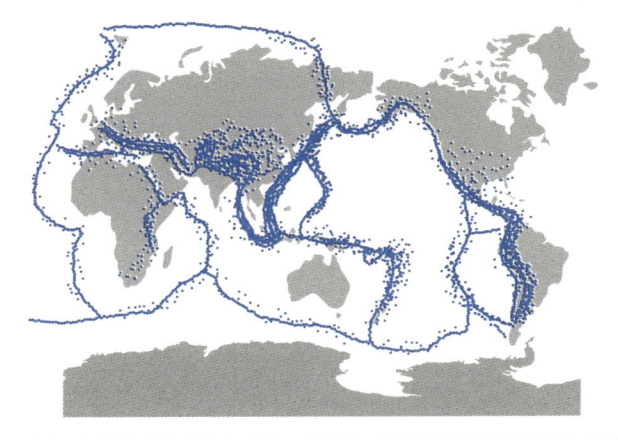

板块内部有时也会发生地震，不过大多情况下地震发生在板块交界处，蓝线越粗的地方发生越频繁

摘自：日本气象厅数据

表1　西南日本历史上曾发生的大地震

年份	地震名称
684年	白凤（天武）地震
887年	仁和地震
1096年	永长东海地震
1099年	康和南海地震
1361年	正平（康安）东海地震、南海地震
1498年	明应地震
1605年	庆长地震
1707年	宝永地震
1854年	安政东海地震、安政南海地震
1944年	昭和东南海地震
1946年	昭和南海地震

2019年2月26日，日本政府地震调查委员会对未来发生地震的概率进行了重新评估，着重强调从日本青森县东北海域到房总半岛海域的日本海沟极有可能发生大地震。图2是长期评估图。总之，科学家们正努力推进地震研究，如以地层残留的海啸痕迹等为线索，将过去、现在和未来联系起来，探索地震发生的规律。

图2 日本政府地震调查委员会公布的关于海沟型地震的长期评估

（2019年2月26日）

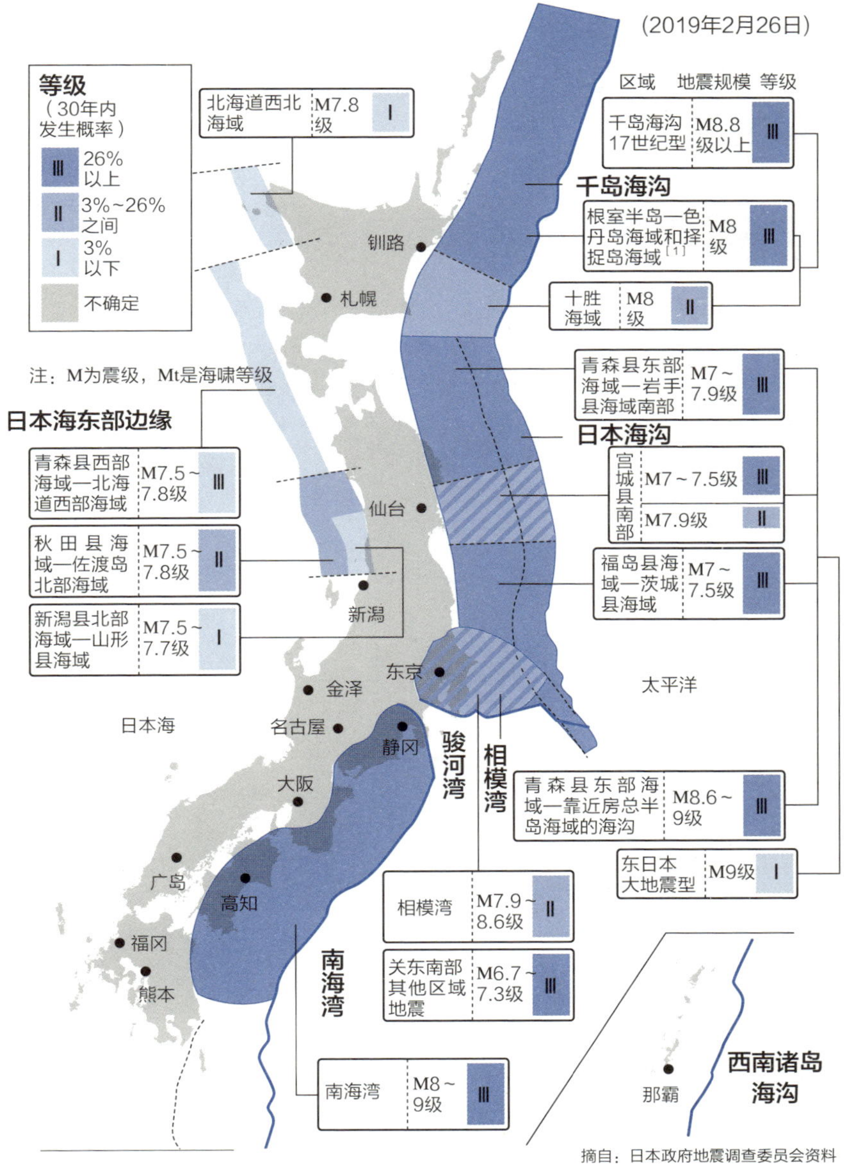

等级
（30年内
发生概率）
Ⅲ 26%以上
Ⅱ 3%~26%之间
Ⅰ 3%以下
不确定
注：M为震级，Mt是海啸等级
区域 地震规模 等级
北海道西北海域 M7.8级 Ⅰ
千岛海沟17世纪型 M8.8级以上 Ⅲ
千岛海沟
根室半岛—色丹岛海域和择捉岛海域[1] M8级 Ⅲ
十胜海域 M8级 Ⅱ
青森县东部海域—岩手县海域南部 M7~7.9级 Ⅲ
日本海沟
宫城县南部 M7~7.5级 Ⅲ
M7.9级 Ⅱ
福岛县海域—茨城县海域 M7~7.5级 Ⅲ
青森县东部海域—靠近房总半岛海域的海沟 M8.6~9级 Ⅲ
东日本大地震型 M9级 Ⅰ
日本海东部边缘
青森县西部海域—北海道西部海域 M7.5~7.8级 Ⅲ
秋田县海域—佐渡岛北部海域 M7.5~7.8级 Ⅱ
新潟县北部海域—山形县海域 M7.5~7.7级 Ⅰ
相模湾 M7.9~8.6级 Ⅱ
关东南部其他区域地震 M6.7~7.3级 Ⅲ
南海湾 M8~9级 Ⅲ
钏路
札幌
仙台
新潟
东京
金泽
名古屋
静冈
大阪
广岛
高知
福冈
熊本
日本海
太平洋
骏河湾
相模湾
南海湾
西南诸岛海沟
那霸

摘自：日本政府地震调查委员会资料

[1] 色丹岛、择捉岛为日本和俄罗斯争议岛屿。

第2章

火山学

1 岩浆到底是什么？
根据硅酸盐主要成分二氧化硅含量可将岩浆分为四种类型

在夏威夷火山喷发等视频中，我们可以看到灼热熔化的岩浆流淌。仔细观察岩浆，有一部分冷却后凝结成固体，被称为岩浆岩。所谓岩浆就是指地下没有凝固的炽热的熔融状态岩石。岩浆的温度为700～1200℃。

那么岩浆到底是如何产生的呢？

压力恒定的条件下，温度越高，原子吸收的热量越多，运动越剧烈，原子间稳定的化学键就会被破坏，岩石熔化。压力增加，岩石的熔点随之升高。因为压力越大，受到外部挤压越强，原子不容易分散。所以温度恒定的条件下，压力减小，受到外部的挤压减弱，原子更容易松散，物质开始熔化。

还有一种方法是加水，水可以破坏原子之间的化学键，导致物质熔化。低温也会导致岩石熔化。所以岩石熔化成岩浆有三个条件：一是压力不变温度升高；二是温度不变压力减弱；三是加水（图1）。

在1个大气压下，固态冰达到0℃时可以融化成液态水。由硅酸盐构成的岩石熔点在700℃到1000℃，温度极高。因此岩浆炽热异常。

地球内部的地幔是对流的，地幔对流上升后，温度没有下降太多，此时仍然保持高温的地幔流受到的压力下降，致使地幔流中的岩石熔化形成岩浆。在高温的地幔里加水，地幔中的岩石也可以熔化为岩浆。熔融状态的岩浆上升，其高温又熔化了地壳中的岩石，俯冲至地幔中地壳也会被熔化为岩浆。

岩浆是液体，密度比固态的岩石小，因此受浮力作用向地表方向上升。 岩浆中富含二氧化碳等火山气体成分，岩浆在地表喷发的瞬间，也为大气提供了这些火山气体成分。

岩浆主要由硅酸盐矿物组成，根据硅酸盐主要成分二氧化硅（SiO_2）含量，可将岩浆分为以下几类：

①SiO_2含量45%~52%称为基性岩浆；

②SiO_2含量53%~62%称为中性岩浆；

③SiO_2含量63%~69%称为中酸性岩浆；

④SiO_2含量70%以上称为酸性岩浆。

图1 岩石（矿物）熔化成岩浆

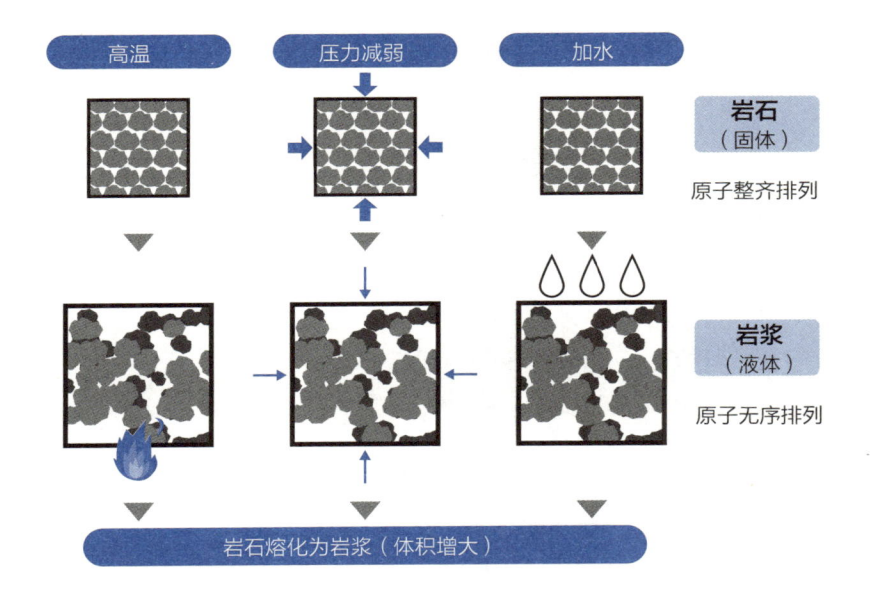

| 高温 | 压力减弱 | 加水 |

岩石（固体）
原子整齐排列

岩浆（液体）
原子无序排列

岩石熔化为岩浆（体积增大）

2 火山为什么会喷发？
火山喷发就像庆功宴上打开的香槟

本节中，我们来研究一个简单的问题，为什么火山会喷发？

我们日常生活中很多习以为常的现象往往蕴含着许多科学道理。比如棒球比赛的庆功宴上，选手们使劲儿摇晃啤酒瓶，瓶盖一打开，酒立刻起沫喷出来。不光是啤酒，香槟、汽水等发泡酒或碳酸饮料都会这样。打开瓶盖前明明没有气泡，为什么一打开立刻冒出气泡来呢？

下面我们分析一下其中原理。压力越高，水中溶解的二氧化碳越多，当压力降低时，溶解在水中的气体逸出。这就是起沫现象（图1）。

起沫是因为随着压力减小，水中的二氧化碳溶解度也减小了。碳酸饮料就是用压力迫使二氧化碳溶于液体中。当我们打开瓶盖时，压力瞬间降为1个大气压，于是开始起沫。

其实火山喷发的原理也与此类似。**高压下的岩浆含有大量的水，水中溶解了某个百分比的火山气体。因为某种原因岩浆受到的压力减小，岩浆开始起沫。** 压力越小，岩浆起沫越厉害。起沫的岩浆中包含着大量气体，因此密度降低，体积变大，受到的浮力增大，于是岩浆一边起泡一边上升。

岩浆如果黏稠度低，气泡迅速逸出，就能宁静和缓地溢出。但如果黏稠度很高，黏黏糊糊的液体会让气泡体积膨胀，气泡彼此粘连，岩浆中会裹挟大量火山气体。当超过一定限度时，火山气体最终会极为猛烈地喷发。

岩浆的黏稠度与其温度及二氧化硅含量有关。二氧化硅含量越高，或者温度越低时，岩浆的黏稠度越高。

结合之前提到的概念，与二氧化硅含量低、温度高的基性岩浆相比，二氧化硅含量高且温度低的中性岩浆、中酸性岩浆以及酸性岩浆的黏稠度更高，更有可能出现猛烈的喷发现象。

日本列岛火山较多，火山喷发比较常见

图1　压力骤降起泡

嘭

起泡！

香槟酒塞
未打开时

摇晃后拔掉酒塞

香槟酒起泡原理和火山喷发相同，都是压力减弱导致

3 环太平洋地区为什么多火山？
板块俯冲碰撞产生岩浆

日本群岛可以说是火山群岛。火山从北海道绵延到千岛群岛直至堪察加半岛。从阿留申群岛经过阿拉斯加，到美国西部的喀斯喀特山脉；再从美国西部开始，经过墨西哥，到中美洲乃至南美洲的太平洋沿岸；从九州岛，经过琉球群岛，再到中国的台湾岛直至菲律宾群岛，到处都能看到火山的身影。整个环太平洋地区火山众多。

严格意义上说，环太平洋火山带实际是沿着太平洋边缘的海沟分布（图1）。而没有海沟的环太平洋地区并没有火山。板块向下俯冲形成海沟，所以这些火山的形成可以说和板块俯冲有直接关系。

那么问题来了，为什么板块俯冲带多火山呢？

冷俯冲板块沉重而又冰冷，下沉现象显著。按理说这种条件下应该很难产生炽热的岩浆。那为什么这里会有如此多的火山呢？

冰冷的板块俯冲时，附着在其上的地幔也随着下沉，而来自更深处的地幔就会漫上来。这种现象被称为涌升流或上升补偿流。

再加上海洋板块和海水长期接触，内部含有水。俯冲后板块中的水蒸发成水蒸气上升，与涌上来的高温地幔结合，地幔更

易熔化。这就是目前最受认可的板块俯冲带岩浆形成理论模型（图2）。

另外还有一种热俯冲板块下沉的情况，此时板块表层的玄武岩质海洋地壳熔化形成岩浆。

图1　火山沿着太平洋边缘海沟分布

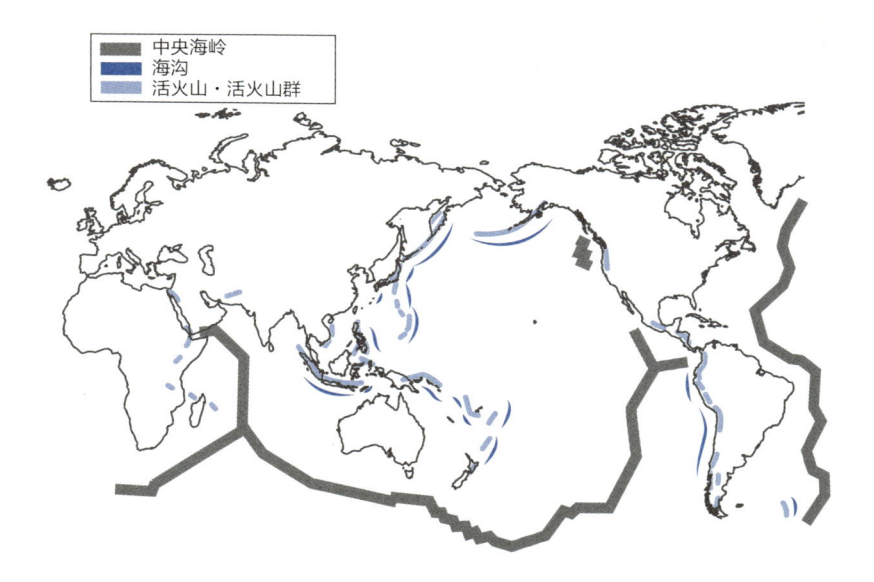

图2 岩浆形成机制

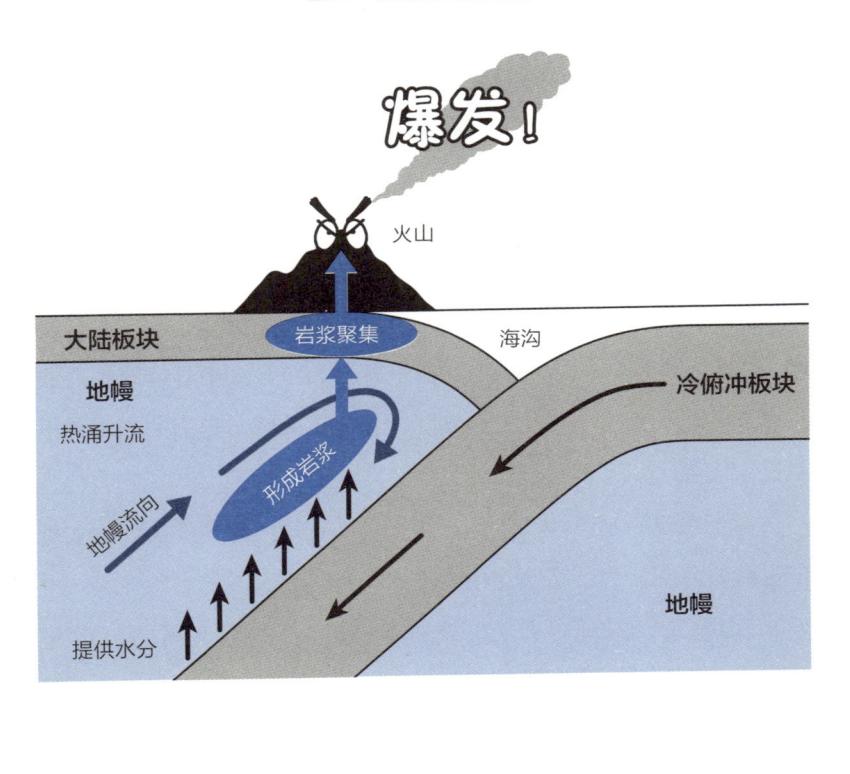

爆发！

火山

大陆板块
岩浆聚集
海沟
地幔
冷俯冲板块
热涌升流
形成岩浆
地幔流向
地幔
提供水分

4 富士山为什么会在那里？
三大板块相互挤压孕育了富士山

富士山诞生于10万年前，是日本第一高山（高度为3776 m），同时也是<u>日本列岛上最大的年轻活火山</u>。到目前为止，富士山已经喷发了超过700 km³ 的岩浆。日本列岛上大部分火山岩浆的主要成分是安山岩。但富士山十分特殊，其<u>岩浆主要成分是玄武岩（属于基性火山岩）</u>。

富士山越看越奇妙。为什么富士山能在短时间内喷出如此大量的玄武岩浆呢？为什么富士山会矗立在这里，又如此高耸呢？

让我们一起来详细分析一下富士山矗立的位置（图1）。富士山以南是骏河湾。骏河湾朝富士山方向的海底是一片深海海谷，被称为<u>骏河海槽</u>（海槽就是指底部平坦的海沟）。骏河海槽绵延到富士河河口附近的陆地部分，被称为富士川河口断层。它是活断层，活动十分频繁，其延长线穿过富士山下方，连接箱根山和丹泽大山之间的酒匂川河谷一带的<u>神绳断层</u>。

酒匂川流经足柄平原，其东边的大矶丘陵山麓地带也有活断层——<u>国府津–松田断层</u>，神绳断层与这条断层相连。断层继续向东南方向延伸至相模海槽的深海谷底，最终在国府津一带进入<u>相模湾</u>。

骏河海槽、神绳断层、国府津－松田断层、相模海槽连起来的区域几乎包围了菲律宾海板块的箱根山、伊豆半岛部分。不仅如此，在骏河海槽区域，菲律宾海板块向西俯冲至欧亚板块之下。而在国府津－松田断层和相模海槽一带，菲律宾海板块则向东北俯冲至北美板块之下，甚至达到了东京和关东区域。而且在神绳断层一带，菲律宾海板块和北美板块相互碰撞。

富士山地下的菲律宾海板块虽然向西俯冲，但其北端与欧亚大陆板块相撞、粘连，就像被图钉固定在一起。因此，菲律宾海板块向西俯冲导致的拉伸形变，必须在某处被抵消。地下深处的

图1　富士山位于特殊区域

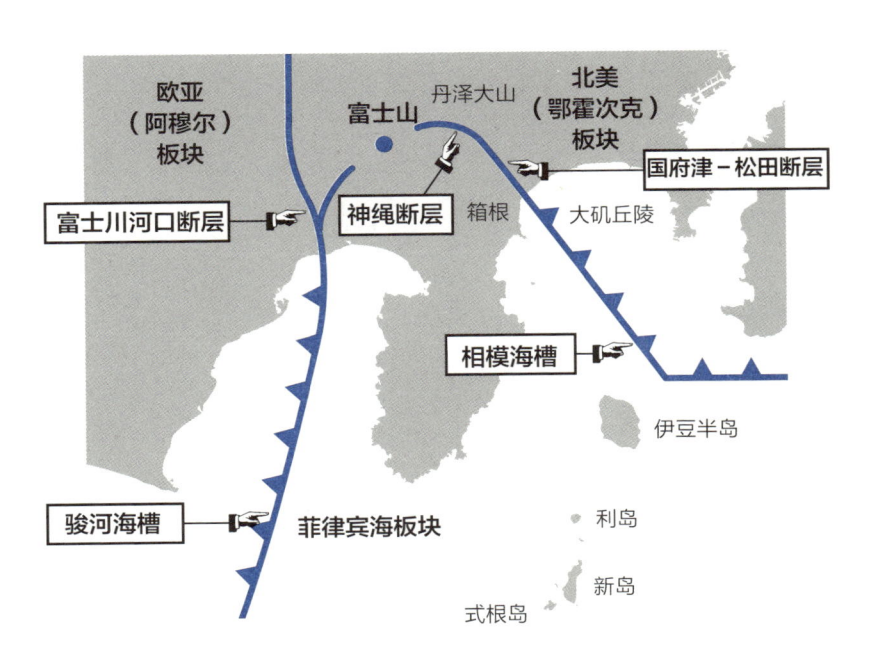

岩浆逐渐上涌到富士山底部，那里的岩石因高温而变得脆弱，出现裂缝，抵消了上文提到的拉伸形变。总而言之，**富士山下的菲律宾海板块有裂缝**。而且，随着菲律宾海板块不断向西俯冲，裂缝会不断扩大。

大量的基性岩浆正朝着这个裂缝上涌，给富士山提供了大量岩浆（图2）。通过地震波的分析和对地下电阻的观测，我们已经实际探测了这道位于地球深处的裂缝，确认了它的存在。像富士山这样的火山并不是随处可见的，它只能出现在现在这个地方，想必你已经明白其中原因了吧。

图2 富士山岩浆供给机制

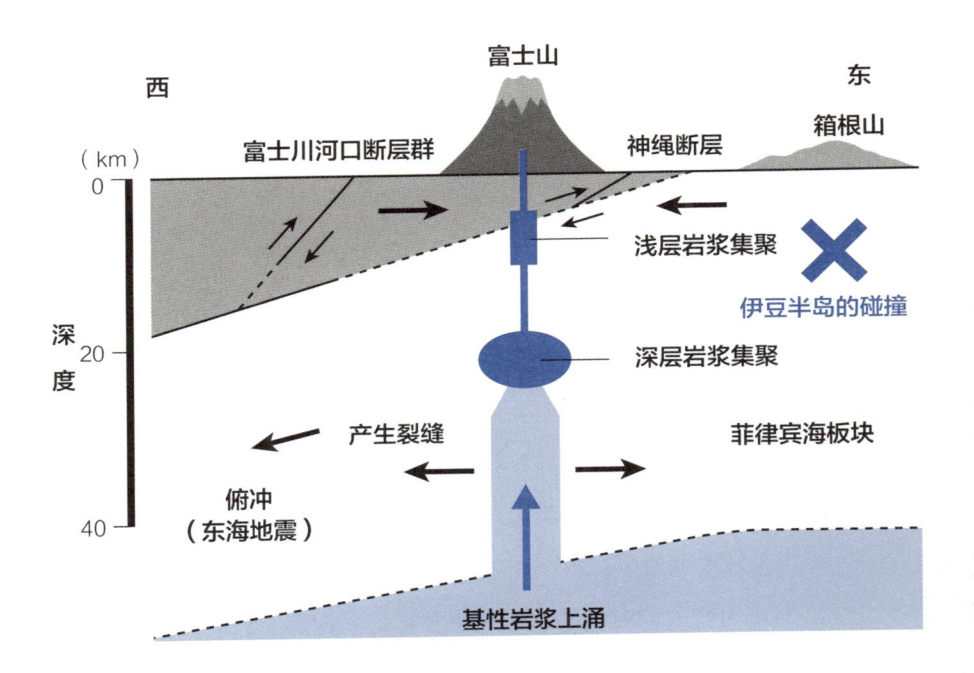

西　　　　　　　　　　　富士山　　　　　　　　　　　东
　　　　　　　　　　　　　　　　　　　　　　　　　　箱根山
（km）　　富士川河口断层群　　　　　神绳断层
0

　　　　　　　　　　　　　　　　　　　浅层岩浆集聚
　　　　　　　　　　　　　　　　　　　　　　　　　伊豆半岛的碰撞

深
度 20　　　　　　　　　　　　　　　　深层岩浆集聚

　　　　　　　　产生裂缝　　　　　　　　　菲律宾海板块

　　俯冲
40　（东海地震）

　　　　　　　　　　　　基性岩浆上涌

5 富士山何时会喷发？
如果下一次喷发像宝永大喷发[1]那样严重，日本首都一带将遭受大灾

富士山何时会喷发？

这真是个好问题，回答起来却很难。目前预测火山喷发有两种方式，即临近喷发前的短期预报和长期预报。

岩浆是炽热黏稠的熔融物质。它沿着构造薄弱带（岩浆通道）向上涌动，导致周围岩石被破坏，引发地震。而且在岩浆向上涌动时，火山受到岩浆挤压而隆起。

高温流动的岩浆在地下的电阻率较小。岩浆上升时质量增大，受到的重力变大，内部散发出大量含有二氧化硫（SO_2）等成分的火山气体（图1）。

所以，当观测到这些现象时，就可以预测岩浆是否上升。

在岩浆已经上升、火山即将喷发前，可以通过这些前兆预测火山喷发。

富士山上安装了很多观测仪器，就是为了随时监测，**保证即将喷发前的短期预测**。据史料记载，1707年的宝永大喷发之前几个

---

[1] 富士山的最近一次大规模喷发是在江户时代的宝永四年（1707年），因此称为"宝永大喷发"。

月，该地区附近地震频发，有明显震感。

关于火山喷发的短期预测我们就讨论到这里，下面来分析一下长期预测的可能性。

如果喷发规律，没有异常的情况，那么在某种程度上长期预测是可能的。比如说三宅岛火山在1963年喷发过，20年后的1983年和37年后的2000年再次喷发，它的喷发周期是17~20年。据此可知，下次该火山喷发应在2017年至2020年，但是截至2020年12月，三宅岛火山并没有喷发。

但是有的火山喷发周期不规律，很难进行长期预测。富士山在

图1　火山喷发前的现象变化

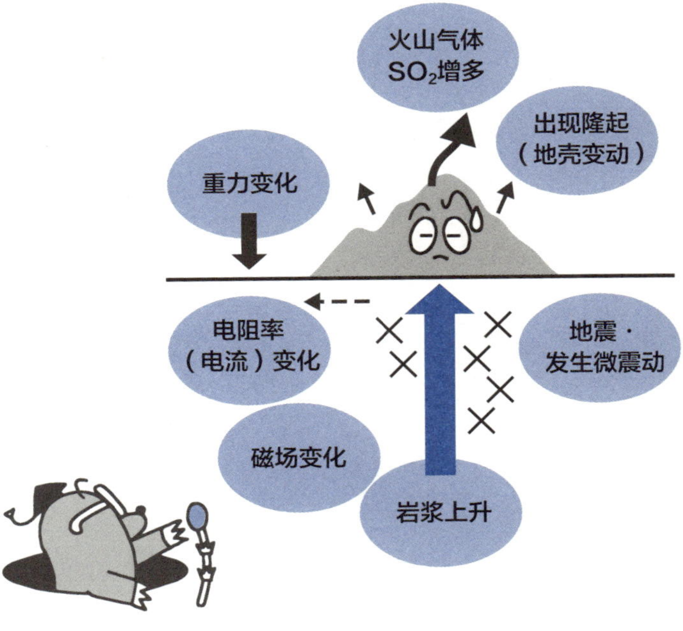

781年到1083年的300多年间，每隔30～70年喷发一次。然而1083年到1435年的350多年间却一次也没有喷发过。1511年到1707年，即宝永大喷发前的近200年间也没有喷发过。所以富士山的喷发周期很不规律，很难预测到下一次喷发是何时。说不定明天就会喷发，也可能很长一段时间都会安然无事。

宝永大喷发是一次极大规模的喷发，大量火山灰喷出，在江户（1868年7月改名为东京）堆积的火山灰厚度达到4 cm。当时的神奈川县堆积的火山灰比江户还要厚（图2）。而且这次喷发持续了半个多月。而在频繁喷发的平安时代，富士山岩浆则是慢慢流出，和缓平稳。

富士山下一次喷发会像宝永大喷发一样剧烈，还是会像平安时代那样平稳呢？我们现在还不清楚，都有可能发生。

如果富士山真的大爆发，像曾经的宝永大喷发一样，以东京为首的首都圈遭受火山灰灾害的时间可能达到2周甚至更长！

既然有受灾的可能，那么政府、各机构组织以及民众就需要做好应对富士山喷发的准备。

图2 富士山宝永大喷发（1707年12月）时，火山灰覆盖区域

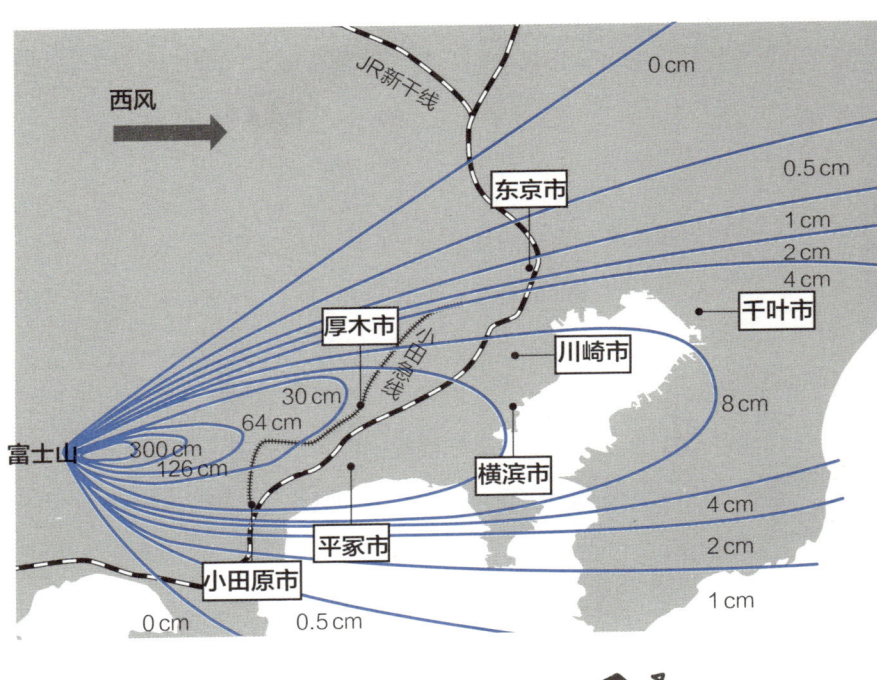

6 破火山口到底是什么？
破火山口好像一口大锅，是一处巨大的陷落凹形区

大家都知道，火山山顶是一个巨大的洞，称为"火山口"。火山口是火山特有的凹陷地形。而比火山口更大，直径在2 km以上的火山凹陷地形被叫作破火山口。破火山口像一口大锅。

破火山口本身是一种地形名称。它的成因有很多，比如受到侵蚀或者山体滑坡。不过**大型的破火山口一般是由于猛烈喷发后，曾经在地下大量聚集的岩浆流失，较上地层陷落而形成的陷落破火山口**（图1）。

2000年三宅岛火山喷发时，岩浆从地下的岩浆池向水平方向喷出，失去支撑的上面地层陷落。结果在一个半月间当地居民看到山顶火山口一带逐渐陷落，形成了一个小型的破火山口。

大型的破火山口只能在北海道周边及中南部的九州（图2）看到。北海道周边有摩周湖、屈斜路湖、阿寒湖、支笏湖、洞爷湖、十和田湖等火山湖，中南部九州有阿苏、加久藤、小林、始良、阿多、鬼界等火山。现在，它们大部分都是风光明媚的观光胜地。不过这些大型破火山口的最长直径不超过30 km。

日本首都一带有名的破火山口多位于箱根地区。箱根地区的破火山口成因不是猛烈喷发，而是几次反复的小型喷发，火山灰喷出

量为10 km³左右。喷发之后地表受到侵蚀，面积逐渐扩大。

最近一次的破火山口喷发在距今6.5万年前左右，当时的火山碎屑流[1]几乎覆盖了整个神奈川县。研究者研究东京的浮石[2]后发现，东京一带也堆积了厚度达2 cm的火山灰。当时的喷出口位于箱根登山铁路终点强罗站附近，所以，这一带的地下埋藏着破火山口。

地球其他地区也有异常巨大的破火山口。**最大的是印度尼西亚苏门答腊岛的多巴湖**，最长处为100 km，岩浆喷发量曾达到2800 km³。美国西部的黄石公园破火山口的最长直径达到70 km，岩浆喷发量也达到过1000 km³。这些破火山口火山被称为超级火山。

图1　陷落破火山口

[1] 火山碎屑流指火山喷出的挟有大量未经分选的碎屑物的高速气流。
[2] 浮石指火山喷发后岩浆冷却形成的一种矿物质，主要成分是二氧化硅。这种物质质地软、比重小，能浮于水面，故称浮石。

图2　在日本九州和北海道的巨型破火山口

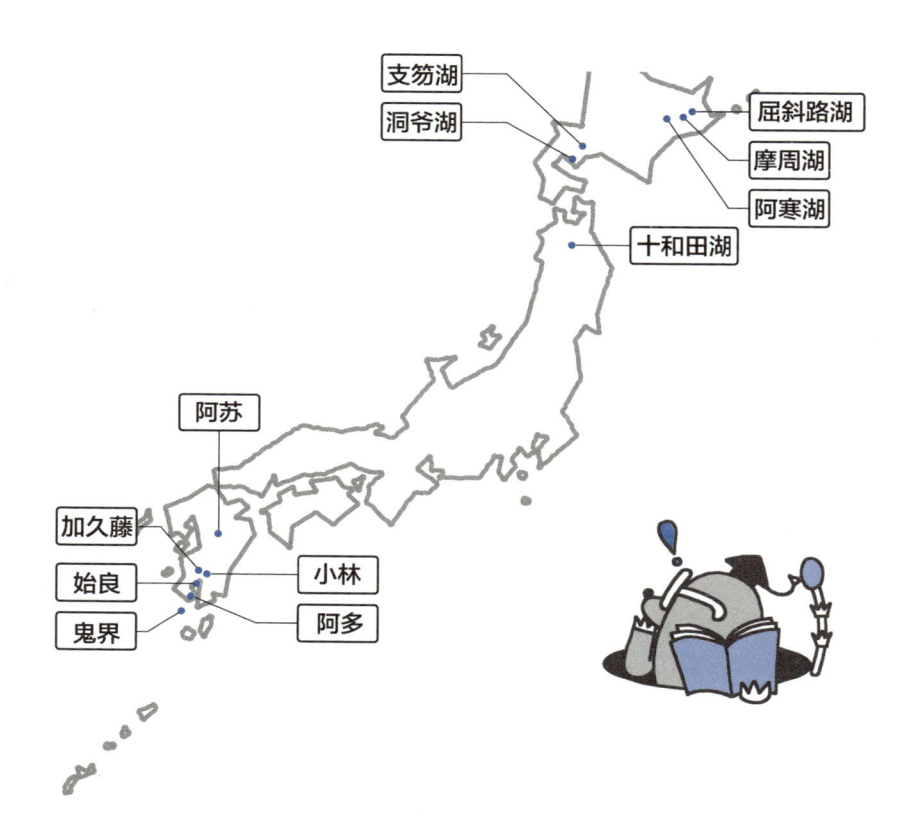

- 支笏湖
- 洞爷湖
- 屈斜路湖
- 摩周湖
- 阿寒湖
- 十和田湖
- 阿苏
- 加久藤
- 始良
- 鬼界
- 小林
- 阿多

7 下一次灾难性火山喷发何时侵袭日本？
灾难性火山喷发已经进入倒计时

灾难性火山喷发是指一次喷发火山灰体积达100 km³以上的喷发。在12万年间，日本诸岛上一共发生10次灾难性火山喷发，差不多1万年1次。

灾难性火山喷发会孕育出新的大型破火山口。近50万年间，只有中南九州和十和田以北北海道地区的破火山喷发过。

包括日本关东、关西两大中心的本州岛却没有大型破火山。箱根火山也是破火山，不过没有出现过灾难性喷发。

日本列岛上空刮偏西风，喷发出的烟尘会向东飘。所以本州岛遭受的火山灰灾害都是九州灾难性火山喷发造成的。

距今2.9万年前，位于鹿儿岛湾的始良火山曾发生灾难性喷发（图1），高温的火山碎屑流在地面上肆虐，中南九州遭到破坏，大量烟尘向东飘散，四国和本州全境被毁，堆积了厚厚的火山灰。那一次喷发，火山灰喷出体积高达450 km³。

最近一次灾难性喷发在距今7300多年前，地点在鹿儿岛县屋久岛以西海底的鬼界破火山口。那时的破火山口壁一部分露出海面，被称为萨摩硫磺岛。火山喷发时，喷出的火山灰体积超过170 km³。虽然规模比始良火山的450 km³小，但从日本西部到关东地区均被火山灰覆盖。而且考古学家发现，此次喷发给当时日本西部及九州的绳文时代文化以毁灭性打击。

灾难性喷发几乎每1万年发生1次，上次喷发是距今7300年前。**下一次喷发可以进入倒计时了。**如果真的发生，很有可能是在中南九州或北海道。

自从人类开始科学系统地监测火山，还没有发生过灾难性喷发，**所以我们还不太清楚灾难性喷发的前兆。**很遗憾，我们无法预知灾难性喷发何时发生，唯一确定的是它必然会发生。

图1　2.9万年前始良火山发生灾难性喷发的火山灰厚度

8 超级火山有哪些可怕之处？
平均气温下降十多摄氏度，热带雨林植物全军覆没，寒带针叶林死亡过半

所谓超级火山，指的是能够引发大规模爆发，火山灰喷出体积可超过1000 km³的火山。近10万年间，最大规模的超级火山喷发是苏门答腊岛的多巴火山喷发，时间大约是距今7.4万年前。当时喷出的岩浆总体积达到2800 km³（图1）。多巴火山的火山灰在印度大陆上堆积厚度达15 cm，甚至飘到了中国南方，覆盖了全球地表面积的4%左右（图2）。下面我们介绍一下多巴火山超级喷发的详细状况。

多巴火山超级喷发时，大量火山碎屑流喷涌而出，覆盖了从苏门答腊岛到马来半岛的地区。火山碎屑流流入印度洋，在印度洋周边地区引起巨大的海啸。伴随火山灰喷出的二氧化硫进入平流层[1]，甚至对全球都造成了巨大影响。

二氧化硫进入平流层后，在太阳照射下出现光化学反应，和水蒸气结合，产生硫酸气溶胶[2]。硫酸气溶胶反射太阳光，导致到达

---

[1] 平流层是地球大气层中上热下冷的一层，夹于对流层与中间层之间。
[2] 气溶胶是以固体或液体为分散质（又称分散相）和以气体为分散介质所形成的溶胶。它具有胶体性质，可悬浮在大气中长达数月、数年之久。

图1 火山超级喷发的岩浆喷出体积

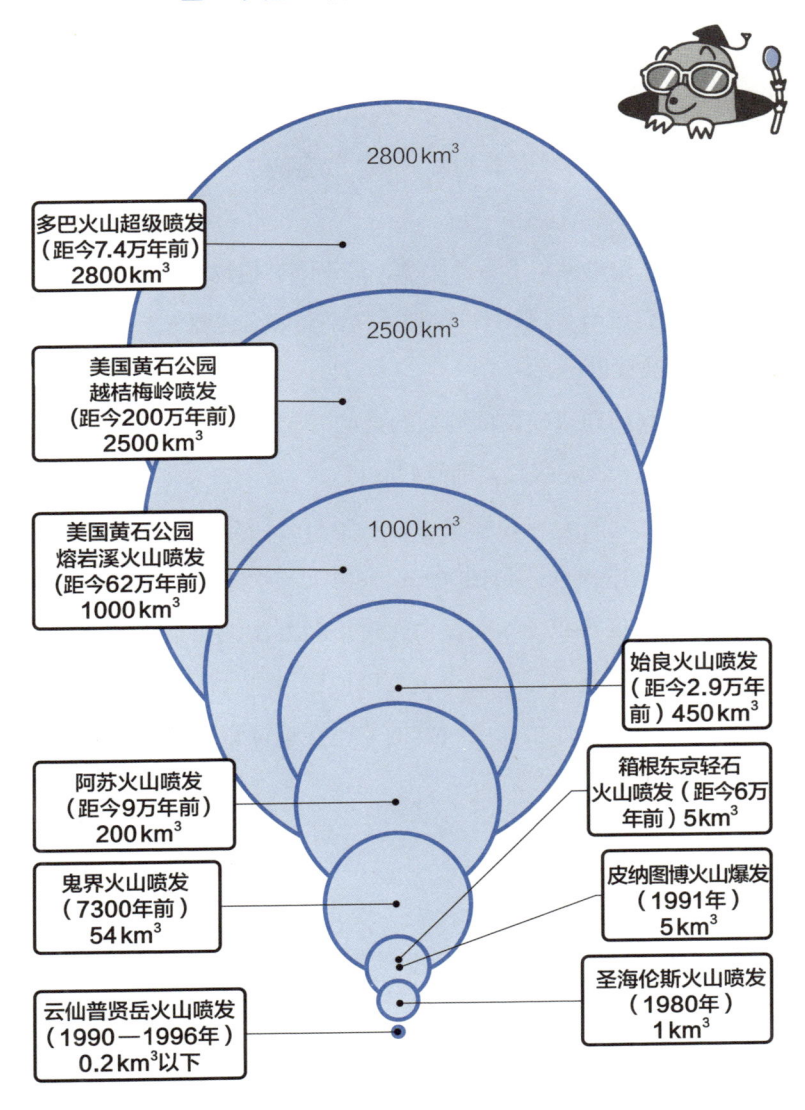

2800 km³
多巴火山超级喷发
（距今7.4万年前）
2800 km³

2500 km³
美国黄石公园
越桔梅岭喷发
（距今200万年前）
2500 km³

1000 km³
美国黄石公园
熔岩溪火山喷发
（距今62万年前）
1000 km³

始良火山喷发
（距今2.9万年前）450 km³

阿苏火山喷发
（距今9万年前）
200 km³

箱根东京轻石
火山喷发（距今6万年前）5 km³

鬼界火山喷发
（7300年前）
54 km³

皮纳图博火山爆发
（1991年）
5 km³

云仙普贤岳火山喷发
（1990—1996年）
0.2 km³以下

圣海伦斯火山喷发
（1980年）
1 km³

地表的太阳能量减少，地表温度迅速下降，出现"火山冬天"。飘浮的火山灰会很快沉降到地面，但是硫酸气溶胶可以长时间悬浮在平流层，致使"火山冬天"十分漫长（图3）。

  这次喷发导致大量<u>二氧化硫进入平流层</u>。研究者们研究了格陵兰岛和南极冰川后发现，当时大气中的二氧化硫含量居高不下长达6年。这段时间的"火山冬天"平均气温低于十几摄氏度，而且可能持续时间也超过6年。

  平均气温下降了十多摄氏度，<u>热带雨林植物全军覆没，寒带的针叶林死亡过半</u>。这样的状态持续6年会怎么样呢？必将严重影响人类的粮食生产。

  多巴火山超级喷发的周期约为42万年。上一次喷发是7.4万年前，距离下一次超级喷发尚有些时日。

  世界上还有一座超级火山——黄石公园超级火山，62万年前喷发的岩浆体积也达到1000 km³，再上一次超级喷发是再往前推68万年。而现在距上次喷发已经过了62万年，如果喷发周期是68万年，那么黄石公园超级火山可以说已经进入活跃期，随时可能发生超级喷发。如果超级喷发的悲剧在地球重新上演，人类要如何生存下去呢？

图2 多巴火山喷发后火山灰分布图

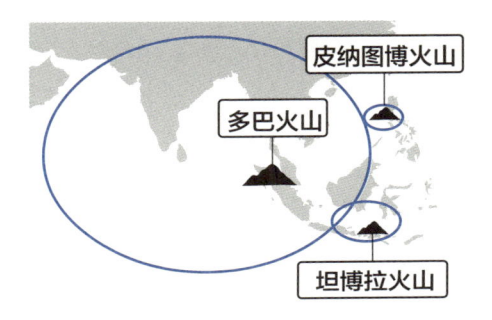

皮纳图博火山
多巴火山
坦博拉火山

图3 平流层吸收二氧化硫出现"火山冬天"

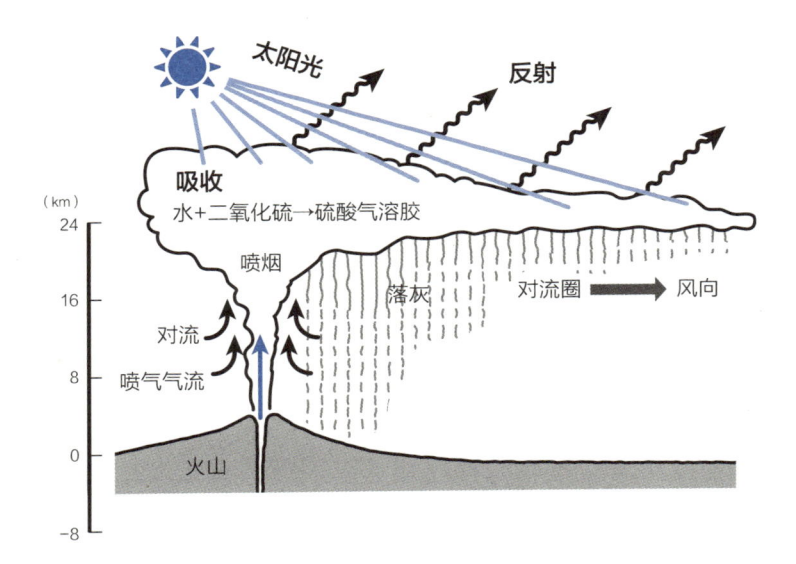

太阳光　反射
吸收
水+二氧化硫→硫酸气溶胶
喷烟
落灰
对流
喷气气流
对流圈　→ 风向
火山

(km) 24　16　8　0　-8

9 板块构造会引发哪些现象？
板块是地球内部的散热器

地球表层的板块结构引发了各种各样的地理现象。英语里"plate"是"板块"，"tectonics"是"构造作用"（形成构造形态的作用）的意思。那么到底什么是板块构造呢？

在寒冷的清晨水池表面结冰，热牛奶表面结了一层奶皮，这些现象都是"热边界层"。冰层和奶皮以上是寒冷的大气，以下是温暖一点的水和热牛奶。大气、水以及牛奶，各自内部传递热量的方式是热对流，而冰层或奶皮这样的热边界层传递热量的方式则是热传导。

坚固的地壳是由若干块硬岩石"板"组成（图1）。它们的厚度不到100 km，就像水池上的冰层或热牛奶的奶皮一样，是覆盖在地球表层的热边界层。

板块表面散发热量。通过板块，地球深处的热量源源不断辐射到寒冷的宇宙空间。它们肩负为地球内部散热的重任，好像汽车引擎的散热器。

仔细分析板块，可以发现有三种板块边界。第一种板块冰冷沉重，向地球内部俯冲，形成海沟，称为汇聚型板块边界。第二种因俯冲导致板块相互分离，边界不断扩大，形成中央海岭，称为离散

图1 板块覆盖地球表面

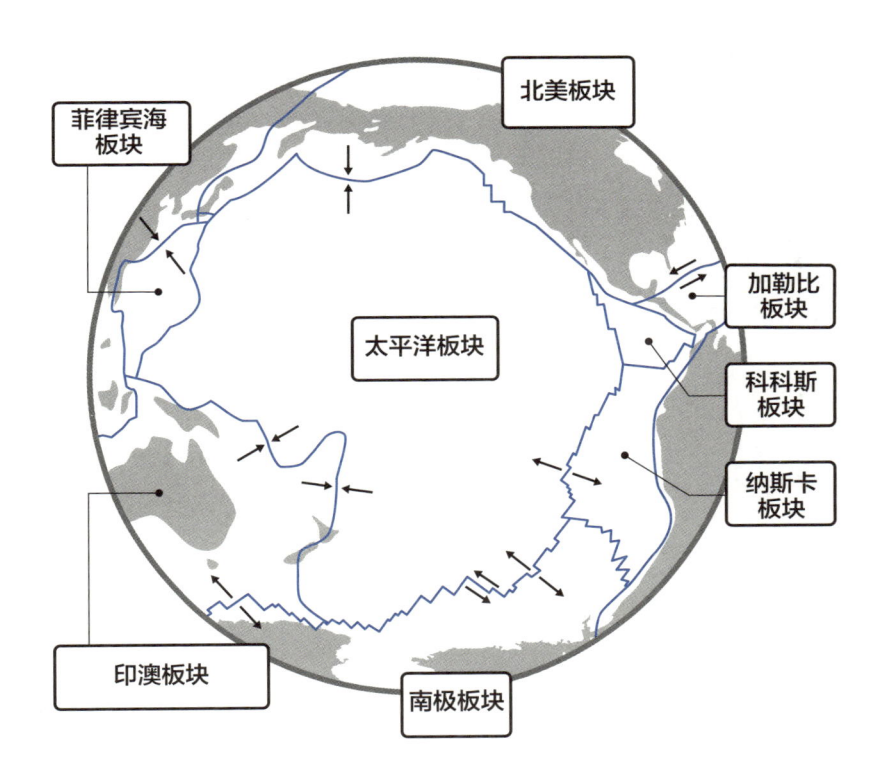

菲律宾海板块
北美板块
太平洋板块
加勒比板块
科科斯板块
纳斯卡板块
印澳板块
南极板块

型板块边界。第三种是两个板块相互剪切滑动,称为守恒型板块边界(图2)。

中央海岭中有扩张裂缝,高温的地幔不断上涌,遇水形成大量基性岩浆。这些岩浆一部分从火山喷发出去,剩下的随着两侧板块分离而远离中央海岭,冷凝成厚厚的板块。

板块运动时释放热量，最后变得冰冷而沉重，受到重力作用，在海沟处俯冲向地球深处。

俯冲板块的牵引力是驱动板块运动的原动力。这就好像桌布有一角垂下来，渐渐地整张桌布都会自动滑落（"桌布下滑假说"，图3）。

守恒型板块边界被挤压、拉伸，产生形变，能量集中，极不稳定。特别是在离散型板块边界和汇聚型板块边界，地震和岩浆活动频繁，火山也特别多。不仅如此，在汇聚型板块边界，地壳还会压缩形变，隆起形成高山。

图2　板块边界

- 大陆板块
- 海洋板块
- 中央海岭是离散型板块边界
- 海沟
- 守恒型板块边界
- 地幔

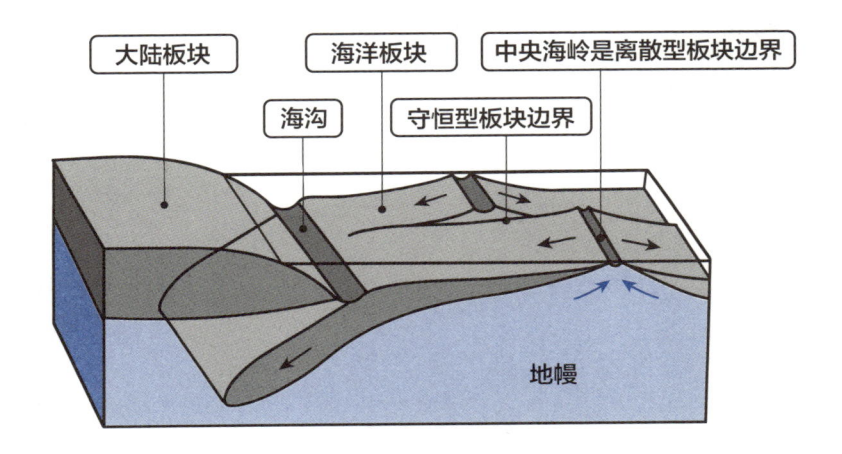

图3　桌布下滑假说

这个名字是不是一目了然？

10 热点火山是什么？
夏威夷和黄石火山谱写地球壮丽的篇章

　　板块构造其实是一种热量转移，是地球内部的热量转移到宇宙空间中。还有一种冷却地球的热量转移机制，叫作地幔柱。高温的地幔柱经过1亿年左右的时间，从地核和地幔的交界附近慢慢上升到地表一带。而高温地幔柱上升的地方被称为"热点"。现在地球上有很多热点，其中最有名的是夏威夷岛和美国西部的黄石公园（图1）。大部分的热点都位于海洋地区，而黄石公园位于大陆上，实属罕见。

　　黄石火山位于厚厚的陆地地壳之上，来自地幔的玄武岩浆上涌熔化陆地地壳，产生大量酸性岩浆，发生大规模喷发后，形成了破火山口。

　　夏威夷岛则位于厚度较薄的海洋地壳上，来自地幔的玄武岩浆直接大量喷出。地球表层覆盖着板块，因地幔对流而不断地移动。不过地幔柱可是来自地球深处，即从地核和地幔交界一带开始上升（图2），换句话说就是固定在深处。板块在地幔柱上方移动。

　　现在夏威夷岛位于地幔柱正上方，喷出大量岩浆。太平洋板块在夏威夷地幔柱上沿着西北方向移动，其在夏威夷群岛的轨迹为夏威夷岛、100万年前位于毛伊岛、200万年前位于莫洛凯岛、300万年前位于瓦胡岛、500万年前位于柯亚伊岛。

黄石超级火山群也是如此。现在的曼特鲁普火山就在黄石火山的正下方，沿着西南方向排列了至少6个巨大的破火山口。年代最久远的破火山口距今约1500万年，离黄石破火山口也最远。这些破火山口，就是北美洲板块在黄石火山地幔柱上，向西南方向移动的轨迹。

热点火山让我们认识到了地球地质活动是多么的活跃。地球地质活动规模之大，时间跨度之长，令人惊叹。

图1 地球上典型的热点

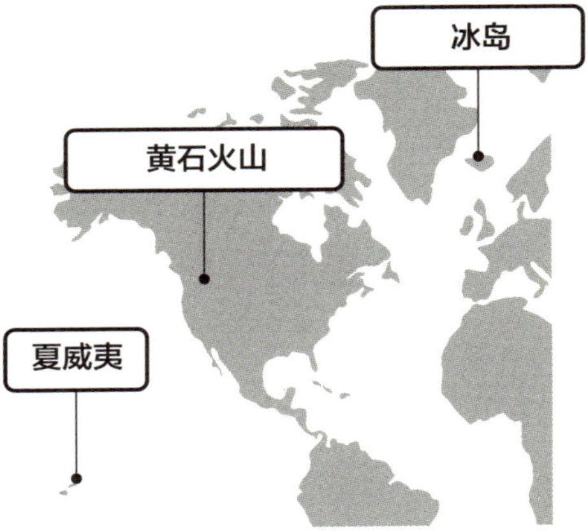

图2 地幔柱来自地幔和地核交界处

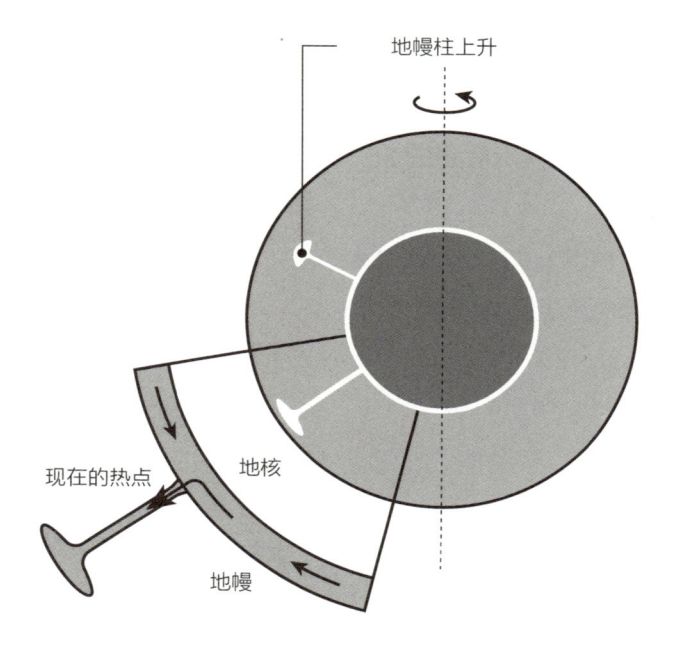

地幔柱上升

现在的热点

地核

地幔

11 冰岛为什么会出现频繁的火山喷发？
中央海岭和热点火山紧密相连

19世纪法国小说家儒勒·凡尔纳曾写过一本著名的冒险小说，叫作《地心游记》。书中的主人公们一开始从冰岛斯奈菲尔火山口进入地下，小说结局时随着岩浆，从意大利的斯特龙博利火山口喷出。冰岛被冰川覆盖，但却频繁有火山喷发，可以说是一座巨大火山岛，这在古代欧洲早已广为人知。

2010年，埃亚菲亚德拉冰盖冰川火山爆发（图1），火山喷出了大量火山灰，许多西欧国家不得不关闭机场。1783年到1785年间，拉基火山大规模喷发，体积约12 km³的玄武岩浆从长达25 km的裂缝中喷出，伴随着大量有毒的火山气体。火山气体影响植物生长，许多家畜饿死，欧洲出现饥荒，冰岛有9000多人丧生。

从距今70万年前开始，冰岛大地开裂，东北—西南方向逐渐形成裂缝带（图2）。裂缝带上有多次火山喷发，大量的玄武岩浆从绵延数十千米的裂缝中喷出。像拉基火山这样的裂缝喷发在这里比比皆是。裂缝受到的张力作用越来越大，形成大裂口，被称为裂谷（图3）。在冰岛，东西方向分布的火山岩石距离裂缝带越远的，年代越久远。

裂缝带延伸到大西洋中，就是大西洋海岭（板块）。换句话

图1 2010年埃亚菲亚德拉冰盖冰川火山爆发

2010年4月17日,美国国家航空航天局人造卫星水(AQUA)在北大西洋上空拍摄到了埃亚菲亚德拉冰盖冰川火山喷发。火山喷出的大量火山灰导致西欧各国机场关闭

说,冰岛实际上是露出海面的中央海岭,这种情况十分少见。

为什么只有冰岛部分隆起露出海面呢?研究者利用地震波研究冰岛地下发现,速度慢的高温区域一直深入到地核附近。这里是高温地幔柱的通道。所以冰岛隆起是因为地幔柱上升,这里成了热点(图4)。

图2　冰岛的裂缝带（中央海岭）

裂缝带
（中央海岭）

　　中央海岭和热点重叠，冰岛的这种地质特点十分少见。其实除了冰岛外，大西洋还有几个中央海岭和热点重叠的地方，但都没有露出海面。大西洋是由盘古大陆[1]分裂而成的。目前研究者们认为正是排成一列的热点导致盘古大陆部分撕裂，形成大西洋。板块排成一列的热点部分开始分裂，最后变成了中央海岭。

　　所以热点和板块构造紧密相连。

---

[1] 盘古大陆是由德国地质学家阿尔弗雷德·魏格纳提出来的。在他的"大陆漂移说"中，全世界的大陆在古生代石炭纪以前是一块统一的整体（盘古大陆）。它的周围是辽阔的海洋。

图3 冰岛裂缝带和火山

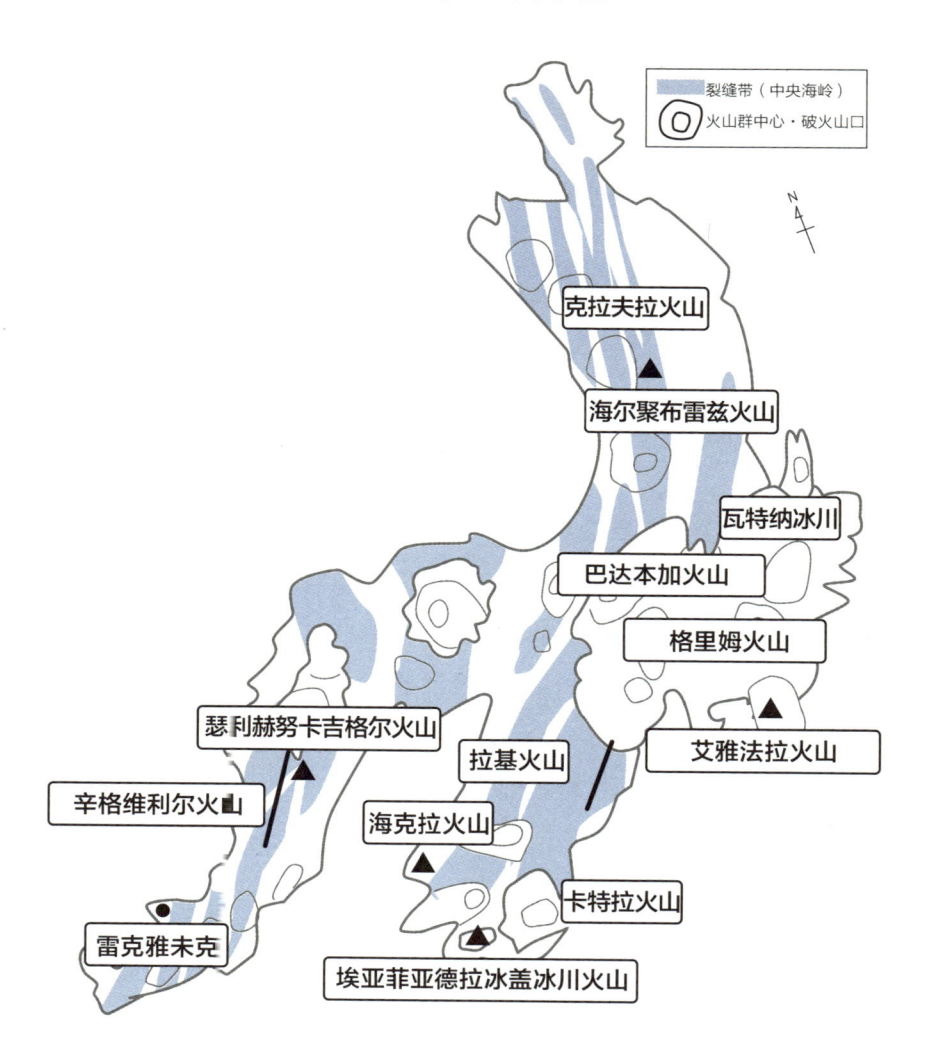

裂缝带（中央海岭）
火山群中心·破火山口

- 克拉夫拉火山
- 海尔聚布雷兹火山
- 瓦特纳冰川
- 巴达本加火山
- 格里姆火山
- 艾雅法拉火山
- 瑟利赫努卡吉格尔火山
- 拉基火山
- 辛格维利尔火山
- 海克拉火山
- 卡特拉火山
- 雷克雅未克
- 埃亚菲亚德拉冰盖冰川火山

图4　贯穿冰岛的中央海岭和地幔柱

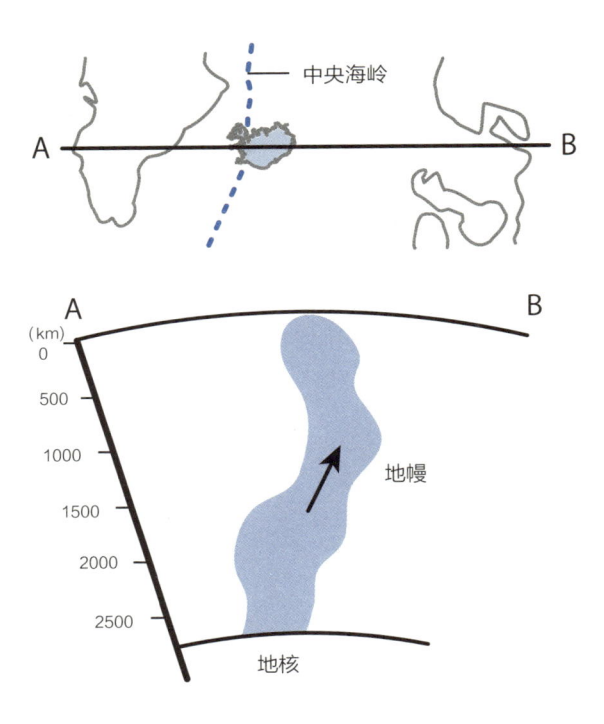

第 3 章

气象学

1 什么是全球变暖？
人为破坏自然平衡导致温室效应加剧

地球吸收太阳光而变得温暖，又以红外线的形式向宇宙空间释放热量，吸收与释放的平衡点决定温度。**假设地球没有大气环绕，单纯根据热量的吸收和释放平衡，地球平均气温在 – 18℃**。这样的条件下，要想维持生命应该是相当困难的。

实际上地球被氧和氮等组成的大气包围。在大气中还有一些气体含量不多，比如二氧化碳和一氧化氮等，它们被称为温室效应气体。温室效应气体很有趣，它们几乎不吸收太阳光中的短波辐射，却吸收红外线等来自地球的长波辐射。所以**温室效应气体可以吸收回地球辐射出去的红外线，导致热量无法释放，地温上升，全球变暖（图1）**。这就是温室效应。温室效应使得地球实际的平均气温保持在15℃，适宜人类以及其他生物繁衍生存。

二氧化碳在温室效应气体中扮演着极为重要的角色。在地球的历史中，的确出现过大气中二氧化碳浓度剧烈变化导致地球温度骤变的情况。

在全球变暖的新闻中，我们经常可以看到，因煤和石油等化石燃料燃烧，人为产生了过多的二氧化碳，增加了大气中温室效应气体浓度。在地球进化史中，二氧化碳通过植物作用，转化为煤和石油，深埋在地下，地球得以维持适度寒冷的环境。但工业革命以后，人类开始大量开采使用这些化石燃料，大气中的温室效应气体增加，地球环境受到影响。

尽管有海洋和森林等吸收二氧化碳来保持大气平衡，但大气中二氧化碳浓度一旦大大超过限度，温室效应随之增强，气温急剧上升，环境问题就会日益凸显。

地球气候系统失去平衡，各种异常气候问题频发，令人担忧。

全球变暖的负面影响并不缓慢，而是十分剧烈。在全球变暖过程中，极端天气出现的频率会大大增加。

图1 温室效应原理

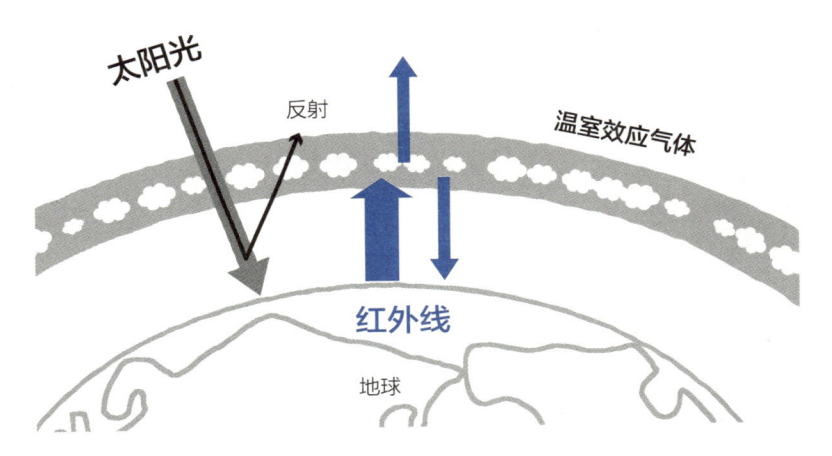

太阳光
反射
温室效应气体
红外线
地球

2 全球变暖导致北极冰川融化？
全球变暖，海水吸收热量体积膨胀，海平面上升

随着全球变暖，海平面上升成为人类日益关注的问题。数年来，来自世界各国的科学家们在IPCC（联合国政府间气候变化专门委员会）汇聚一堂，各抒己见，制订、发布科学且富有预见性的评估报告。

根据IPCC第五次评估报告AR5，1910年至2010年地球平均海平面上升19 cm，而在今后的100年间可能会上升40～63 cm（2018年至2100年平均高度与1986年至2005年对比）。

这里大家一定要注意海平面上升的原因。很多人认为陆地上的冰盖或冰川融化成水，流入大海中，导致海平面上升。其实原因不止如此，还有一个原因是"海水受热体积膨胀"。全球变暖，海水吸收热量，体积膨胀，导致海平面上升。目前，海水体积膨胀和陆地冰雪融化起到的作用差不多，之后体积膨胀的作用会越来越大。

在数千年的漫漫岁月中，南极冰川的融化高度大约为几米，造成了海平面上升，岛屿被淹没，还有海岸上的建筑物受到侵蚀。

那么，伴随着全球变暖，海水会发生什么变化呢？

根据IPCC报告，最近北冰洋海域的冰川面积正不断缩小

（图1）。全世界许多研究机构建立气候模型预测：如果全球变暖的迅猛势头不变，到21世纪中期，北冰洋的冰川将在某一年的9月（观察记录显示，9月是北冰洋冰川面积最小的月份）完全融化（这也促使"是否能开辟北极航线，如何处理北极海底资源"成为热点话题）。

因为冰导热能力不强，所以在研究气象时，它被当作绝热物质。比如，在冬天，冰川覆盖的区域（常年不化的冰层，其平均厚度也只能达到3m），冰层以下的海水和以上的大气热量交换较少，但在一些冰层没有覆盖的区域（也称作海冰穴或冰间湖），海水的热量和水蒸气被大气吸收，于是绝大部分的热量、水蒸气都被输送到那个区域。**因此，某个区域是否有冰，对其上空大气是否输送热量和水蒸气，对其气候系统会产生重大影响。**

然而，冰雪区域并不是均匀减少，减少的地域性和季节性差异有可能引起中纬度各地的气候异常（包括暂时性低温）。

图1 北半球冰封面积年平均变化趋势

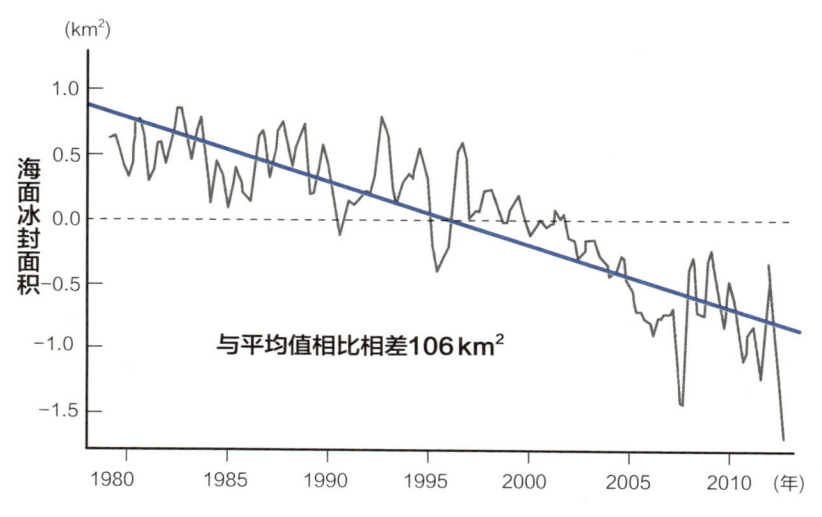

(km²)

海面冰封面积

与平均值相比相差 106 km²

注：根据IPCC第五次报告图4、6绘制

3 北极和南极哪里更冷？
是否有陆地导致南北极温度差异巨大

1983年7月，俄罗斯南极科考站东方站（图1）测量到世界最低温度为-89.2℃（2008年8月10日，卫星采集到的数据显示，南极大陆东部高地上曾经出现-93℃的低温）。南北极同属地球两端，十分寒冷，实际上哪里气温更低呢？

想要比较出高下，我们就必须研究两极各自的地形和环境。北极是一片汪洋大海，海冰广布，海拔较低；南极则在陆地上，且覆盖着厚厚的冰川，海拔较高。所以单纯从这一点来看，可以说南极海拔较高，气温较低。

下面我们来分析一下海洋的影响。与土壤及岩石相比，海水升温或降温都比较困难。所以沿海地区往往温差比内陆地区小，气候温和。

比如日本千叶县铫子市靠海，枥木县宇都宫市处于内陆，两个城市同属日本关东地区，铫子市夏季最高温比宇都宫市低约4℃，冬季最低温比宇都宫市高6℃，它们的纬度都在北纬35°~36°，由此我们可以感受到沿海与内陆的气温差距。在世界各地，越深入内陆，气温年变化越显著，所以科学家以气温年较差为依据，提出了一个指标，叫作"大陆度指数"。南极极点位于大陆内部，所以最低温度更低。

图1　南极科考站东方站的位置

南极点

东方站
（俄罗斯）

根据WMO（世界气象组织）发布的信息，目前记录到的北半球最低温为–67.8℃。最低温出现过两次，一次在1892年2月俄罗斯的维尔霍扬斯克，另一次同样在俄罗斯，在1933年2月，一个叫奥伊米亚康的地方（图2，因气温检测仪器精度原因，目前最低温有两个地点）。气温观测区域包含了被冰封海域包围的内陆地区（北极极点最低温为–43℃左右）。

不过，就像在本书"全球变暖导致北极冰川融化？"一节中提到的那样，冰是绝热物质，被海冰覆盖的区域来自海洋其他区域的

图2 俄罗斯维尔霍扬斯克和奥伊米亚康

维尔霍扬斯克

俄罗斯

奥伊米亚康

白令海

鄂霍次克海

热传导减小,所以和被冰川覆盖的陆地性质相同。例如,北海道鄂霍次克海一侧,浮冰来时,气候就会接近内陆地区,但如果浮冰没有达到一定厚度,与海洋间还保持着一定的热传导,温度就不会像大陆内部地区那样低。

接下来介绍一下南极大陆气温,这里的地理位置尤为特殊。**南极大陆远离其他大陆,冷空气聚集,形成极地高气压带,风吹向低纬度地区(极地偏东风),上升到高空后循环往复。**

在纬度稍低地区,西风强烈显著,于是中纬度地区形成了西风带。西风极为强烈，隔绝了来自低纬度地区的暖空气，极易形成孤立的冷空气团。因此，虽然南极周围也有海洋，但是和北半球不同，它被强烈的南极绕极流[1]包围，阻隔了与海洋间的热传导。

距今3000万年至2500万年前，南美的德雷克海峡形成，南极绕极流促使南极冰川进一步发展。总之，南北极相比较，南极地理位置更有利于保持低温，气温也更低。

---

[1] 南极绕极流是自西向东横贯太平洋、大西洋和印度洋的全球性环流。

4 厄尔尼诺现象和拉尼娜现象相反？
南美洲和印度尼西亚的气压在玩跷跷板

在南美洲秘鲁与厄瓜多尔沿海，从海洋深处涌出的低温涌升流使这片海域成了黄金渔场。圣诞节前后，该海域的东南信风[1]变弱，冷水上泛减弱，来自赤道水域的暖水逆流，海平面水温上升。此时捕鱼期也会告一段落，因为这一现象在圣诞节时出现，因此被称为"厄尔尼诺"（西班牙语中"圣婴耶稣基督"之意）。

有的年月，海面温度上升持续几个月甚至一年以上。这种现象不仅限于秘鲁海域，在更为广阔的赤道太平洋东部，科学家们发现海面整体水温上升（在印度尼西亚东部下降），所以为了与当地的"厄尔尼诺"区别开来，称为厄尔尼诺现象。

这里说句题外话，与厄尔尼诺现象相反，海面水温下降的现象叫作拉尼娜现象（西班牙语中"小女孩"之意）。

在热带太平洋东部，通常偏东信风把温度较高的海水从东部海域吹向西边，所以相对低温的海水会补充到东部海域。但是，由于某种原因，东风减弱，西风增强，温暖的海水向东移动，太平洋东

---

[1] 信风（又称贸易风）指的是在近地面从副热带高压带吹向赤道低气压带的风。

部的水温上升。这就是厄尔尼诺现象（图1）。厄尔尼诺现象在各个季节的影响不同（图2、图3）。

在温暖海水区域，水蒸气蒸发十分旺盛，低气压带来了丰富的降水。但出现厄尔尼诺现象时，温暖海水区域向东移动。随着海水温度变化，在其上形成的高低气压的位置也会有相应的变化，海水周围空气上升及下降的区域也会发生偏差。这种像波浪一样的影响被称为遥相关现象。日本附近的气候也很有可能因此变成冷夏和暖冬。

像日本这样的地区，不仅受到热带地区影响，还受到高纬度及中纬度的气候特点影响。

现在科学家们正致力于研究厄尔尼诺现象生成后的延迟振子理论，即厄尔尼诺现象产生后，如何减轻随之带来的一系列变化。

印度气象局前局长在观测南美和印度尼西亚地面气压时发现，这两个地点的气压走向总是相反，一个上升，一个下降，呈现"跷跷板"关系。他将这种气压变化形式命名为"南方涛动"。产生这种现象的原因是海水温度不同导致洋面气压高低变化。这也佐证了厄尔尼诺现象就是大气活动导致的。因此，现在把厄尔尼诺（El Nino）和南方涛动（Southern Oscillation）合称为ENSO。

图1 赤道太平洋的海水温度分布详情及信风对流活动

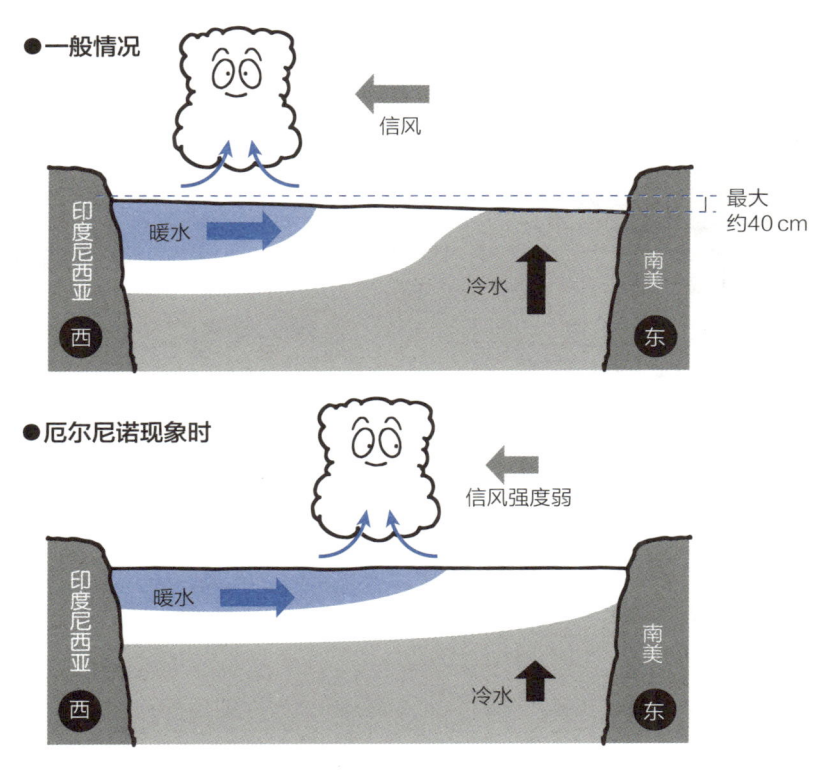

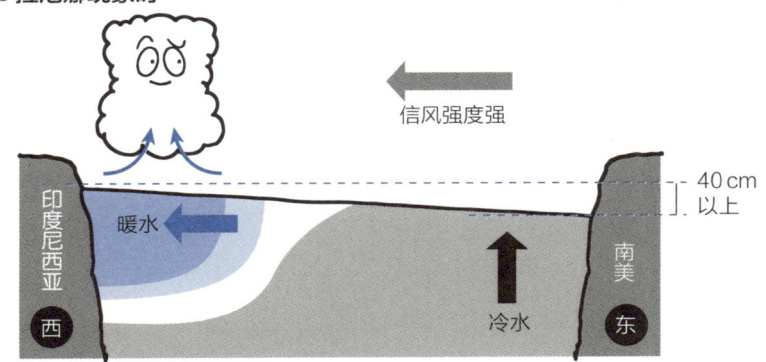

● 一般情况

信风

印度尼西亚 西
暖水
冷水
南美 东
最大约40 cm

● 厄尔尼诺现象时

信风强度弱

印度尼西亚 西
暖水
冷水
南美 东

● 拉尼娜现象时

信风强度强

印度尼西亚 西
暖水
冷水
南美 东
40 cm 以上

摘自：日本气象厅网站

图2 厄尔尼诺现象对夏季气候的影响

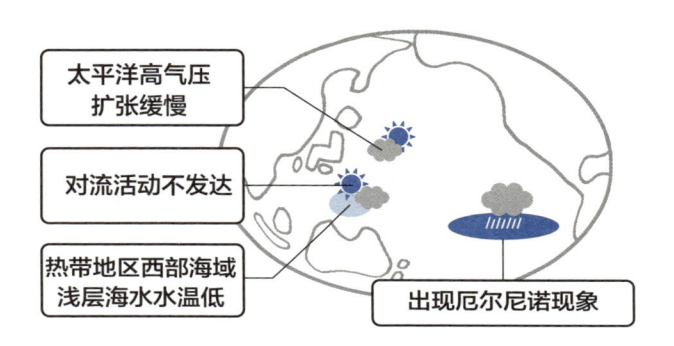

- 太平洋高气压扩张缓慢
- 对流活动不发达
- 热带地区西部海域浅层海水水温低
- 出现厄尔尼诺现象

图3 厄尔尼诺现象对冬季气候的影响

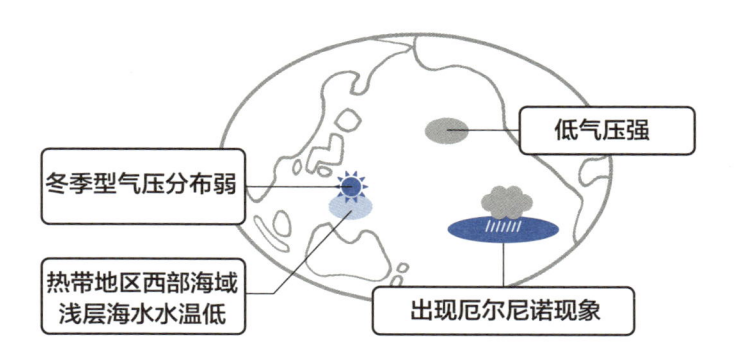

- 低气压强
- 冬季型气压分布弱
- 热带地区西部海域浅层海水水温低
- 出现厄尔尼诺现象

摘自：日本气象厅网站

5 为什么会产生高气压和低气压？
北半球低气压气流逆时针方向转动，高气压气流顺时针方向转动

让我们来研究一下临海大陆之上的空气吧。夏天的白昼，陆地受到太阳光照射，很容易变暖，温度上升，与地面接触的空气温度随之变高。

但在海面上，海水不像地面那么容易变暖，所以与海面接触的空气温度会比陆地上的低。

众所周知，暖空气密度小较轻，冷空气密度大较重。**暖空气自然而然会上升，冷空气填补进来，这就是海风（图1）**。此时如果从空气重量来说的话，风是从寒冷的、重的空气一侧（高气压一侧）吹向温暖的、轻的空气一侧（低气压一侧）。晚间的陆地风形成原理亦是如此，从陆地（高气压）吹向海洋（低气压）。

接下来我们考虑一下更大的范围，以冬季的欧亚大陆和太平洋为例。风同样从沉重冷空气盘旋的大陆一侧（高气压）吹向海洋一侧（低气压）。**实际情况中，地球不断旋转，地球表面物体受到科里奥利力（偏向力）作用，（风）在北半球运动时向右偏移。因此，空气集聚的低气压呈逆时针方向旋转，空气喷出的高气压呈顺时针方向旋转**。所以，日本冬季季风是西北方向。

从地球整体来看，我们生活的中纬度偏西风带，来自低纬度

图1 海风解析图

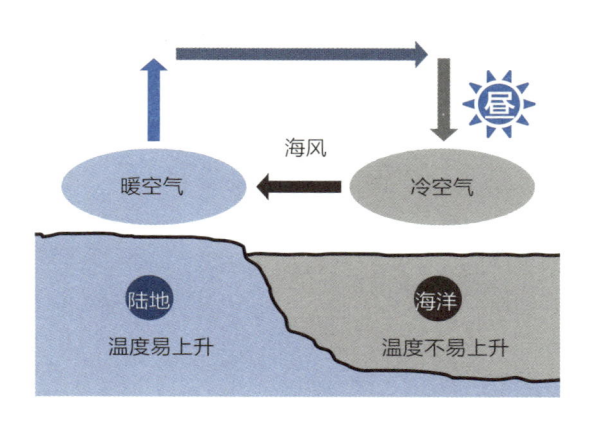

的温暖轻空气上升，来自高纬度的寒冷重空气下沉，不断流动循环。暖空气在冷空气之上，北上遇到北方的冷空气，形成气团（图2）。冷暖气团边界（暖气团主动为暖锋，冷气团主动为冷锋）的来回幅度变大，边界扫过的区域一般春天或秋天能感受到低气压和移动性高气压。低气压空气形成上升气流，空气中的水蒸气在高空冷却，容易形成云层。而高气压空气聚集沉降，空气温度上升导致云层消散，天气晴朗。

图2　高气压、低气压解析图

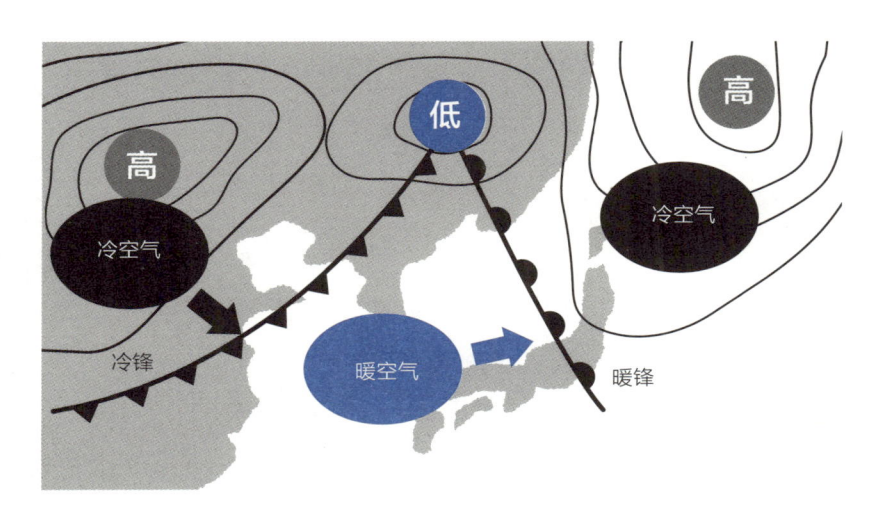

6 为什么地球会刮风？
北半球亚热带高空刮西南风，近地面刮东北风

众所周知，地理位置某种程度上可以决定风向。无论高纬度地区还是低纬度地区，高空接收到的太阳光能量基本一致。但地球是球形的，所以太阳光到达地面的角度不同，低纬度地区受到太阳光直射，而高纬度地区的角度则近乎水平。因此地面单位面积接收到的太阳光能量不同，温度自然也有差别。

地球的各地区热量分配趋于相等，所以分配不均时会出现热量交换。这种交换的大致趋势是温度高的低纬度地区向温度低的高纬度地区输送热量，洋流或大气都是输送媒介。

以大气为输送媒介时，空气在低纬度地区受热上升后向南北两极方向移动。大约移动到南北纬30°的中纬度地区，空气开始下降（副热带高气压带区域大陆多沙漠），沉降到地面的空气再次向低纬度流动，形成一个环流（图1）。

地球自转，风受科里奥利力影响，北半球（南半球）高空的风向右偏移（向左偏移）。所以北半球（南半球）风环流在高空吹西南风（西北风），在近地面吹东北风（东南风）。这个环流被称为"哈德里环流圈"。在近地面吹向赤道的风，是我们熟知的信风的主要来源。不过哈德里环流圈并没有一直延伸到北极。因为越是往

高纬度，受到的科里奥利力越强，方向偏移得越厉害。

另一方面，**高纬度地区以两极为中心，温度较低的重空气向低纬度地区移动，再从中纬度上空回到两极，形成环流。**当然，这个环流同样受到科里奥利力的影响产生偏移，北极一带靠近地面吹东北风，南极附近则吹东南风，它们统称为极地东风。

那么中纬度地区吹什么风呢？

中纬度环流连接着高纬度和低纬度地区，剖面不太像环流，被称为费雷尔环流。它没有其他两个环流强烈，基本呈带状。

实际上**中纬度地区南北温差明显，风极为显著，南北半球均吹偏西风（盛行西风带）**。热量借助西风波动（低气压、高气压）向高纬度区域移动。

图1 大气环流图

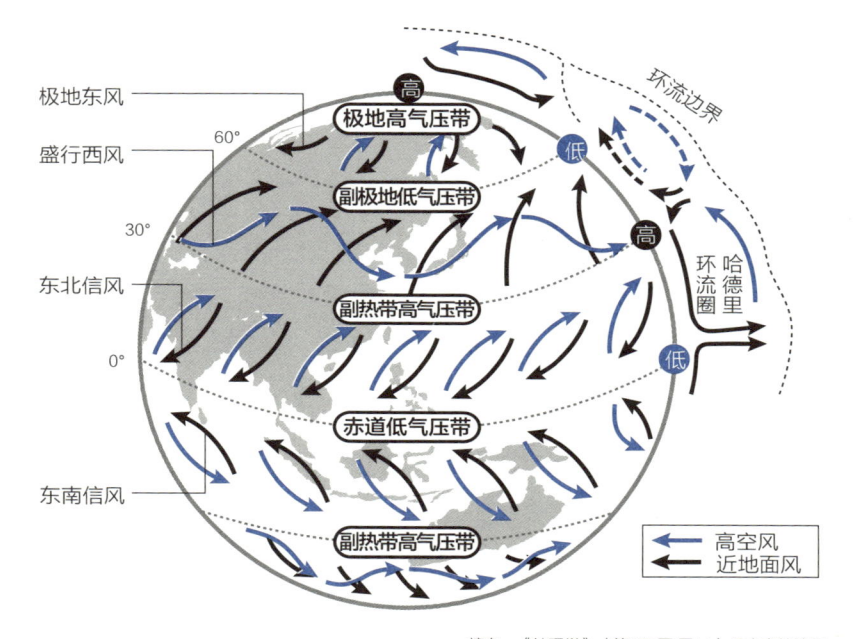

- 极地东风
- 盛行西风
- 东北信风
- 东南信风

60°
30°
0°

- 极地高气压带
- 副极地低气压带
- 副热带高气压带
- 赤道低气压带
- 副热带高气压带

高 低 高 低

环流边界
哈德里环流圈

→ 高空风
→ 近地面风

摘自：《地理学》（第255页 图11）日本启林馆版

7 为什么会出现焚风现象？
空气越过高山的干绝热直减率和湿绝热直减率

在报纸和电视新闻中，经常听到焚风现象导致气温上升。那么焚风现象是由什么原因引起的呢？焚风以欧洲阿尔卑斯山的最为有名，指的是从山上吹来的暖风。在日本，南风在初春时分越过中部山岳地区，吹向日本海域，此时风会导致气温迅速上升。最近也有专家指出，来自夏季西部山区的焚风导致日本关东平原西部出现历史最高温。

在本书"为什么明明山上离太阳更近，气温却反而不高？"一节我们会具体解释为什么空气越往高空，气温越低。那么气温会下降到什么程度呢？

假设某团空气没有受热却上升，由于体积膨胀（做功）它的温度会下降。结合热力学与静力学平衡公式（高度上升与大气压下降比率）计算，高度每上升100 m气温下降0.98℃（约1℃）。这个比例被称为干绝热直减率。根据这个公式，不难发现从地面气温我们可以推测出高空气温。不过这个推测有个假设前提，"上升过程中水蒸气不会凝结形成云"。当水蒸气凝结形成云时，水蒸气本身的热量散发到周围的空气中，空气温度不会下降得那么快。所以在空气上升形成云层时，空气温度降低率小于干绝热直减率，称为湿绝

图1 焚风现象解析图

- 气温按照干绝热直减率上升 1℃/100 m
- 温度按照湿绝热直减率下降 0.5℃/100 m
  - 饱和状态的水蒸气凝结形成云,产生降水
- 温度按照干绝热直减率下降 1℃/100 m
  - 没有达到饱和的空气团

A 30℃ → C点 20℃ → P 15℃ (2000 m) → B 35℃ 高温干燥空气团

迎风坡 / 背风坡

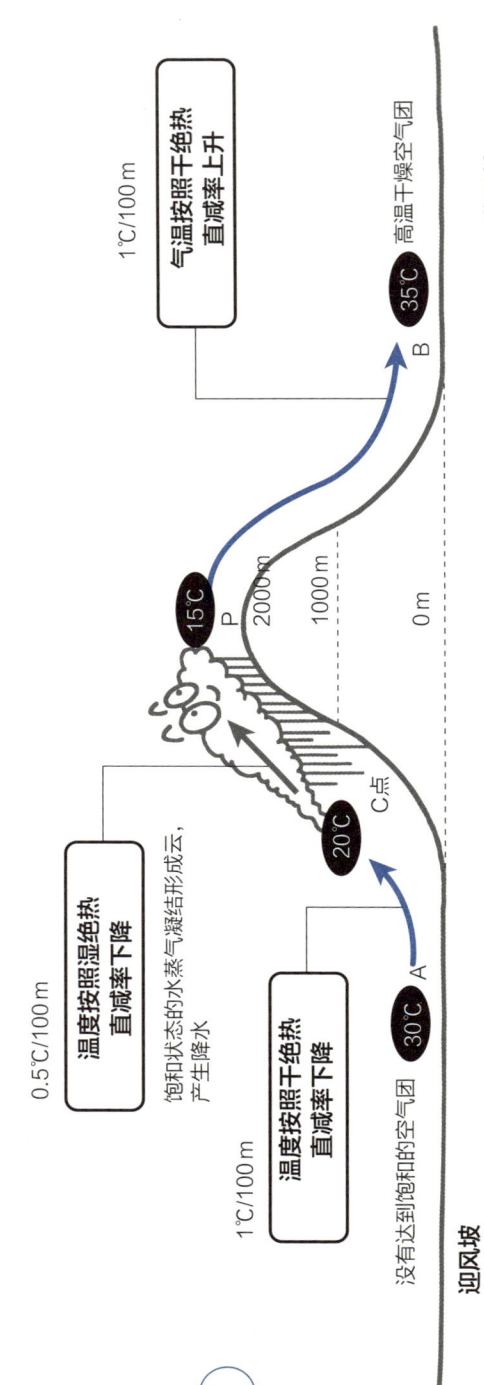

1000 m / 0 m

摘自:《地理学》(第238页图26)日本启林馆版

热直减率。按照湿绝热直减率计算，高度每上升100 m，气温下降0.5℃左右。

举个例子，如图1所示，空气从低地A点越过2000 m高山到达山对面低地中途，高度1000 m的C点到山顶P点之间形成云层，产生降水，山对面则非常干燥，万里无云。

为了方便计算，假设低地的A点气温为30℃。空气到达高度1000 m的C点产生云层前，按照干绝热直减率计算，1000 m温度下降10℃，所以C点温度为20℃。而从C点到P点因为有云层，需要按照湿绝热直减率计算，1000 m下降5℃，所以P点温度为15℃。

相反，空气在背风坡下降时，气温随气压上升而上升。因为没有云，所以从P点到B点按照干绝热直减率计算，高度下降2000 m，气温上升20℃，最终空气到达B点时气温达到35℃。

在以上例子中，空气在爬坡过程中形成云，温度从A点的30℃最终到B点的35℃，气温上升了5℃。空气越过高山后气温上升，这就是焚风现象。

在欧洲，还有一种干燥冷风叫作"布拉风"，从阿尔卑斯山脉吹向亚德里亚，与焚风一样家喻户晓。

布拉风的形成机制其实和焚风相同，爬坡前它的温度非常低，虽然在爬坡时温度上升，但温度比背风坡原本气温低得多，冷空气越过山坡后倾泻而下。所以布拉风以寒冷闻名于世。

8 为什么台风经常直击日本？
台风与夏威夷高压和盛行西风密切相关

在日本，台风指的是发生在北太平洋西部（东经180°以西）的热带低气压中，漩涡内最高风速达到34级（17.2 m/s）或以上的热带气旋。在中国，低气压中心附近最大风速达到32.7m/s以上的称为台风。

通常，产生台风的海面温度为27℃以上，南北纬5°之间的热带地区科里奥利力较弱，不会出现台风。这是由台风形成机制决定的。海面吸热蒸发，水蒸气形成积雨云，产生大规模对流，必须靠科里奥利力和地表摩擦力才能形成气旋漩涡，进而升级为台风。而南北纬5°之间海域科里奥利力太弱，无法孕育台风。

台风一般最初发生在热带附近海水温度较高海域，之后开始向西移动，到达北纬20°~30°忽然转向东北方向加速移动，到达日本附近海域。每年大约会产生27、28个台风，在6月至10月时到达日本一带。

台风移动时，风力迅猛，高度为3 km~5 km。台风移动方向会因当时的气压分布方向而变化。有时台风可能与其他台风相互作用，移动路线变得更加变化莫测。夏季，夏威夷高压发达时，台风沿其西侧边缘北上，之后乘着盛行西风向东北方向移动。

在台风诞生时，也就是在热带低纬度地区孕育阶段，是什么样的作用力推动它移动呢？这一地区会受到副热带东风带影响，不过更主要的是热带气旋受力会随着纬度不同而变化（β效应）。地球绕地轴自转，地表的大气也会受到地球自转影响而转动。

地球是一个球体，自转影响程度随纬度不同而变化。高纬度地区地面自转对大气的影响很大，产生漩涡（涡度[1]）较大。赤道等低纬度地区，自转轴与地面几乎平行，自转对大气影响不大。其背后的原因与科里奥利力在赤道影响较小相似。大气的绝对涡度等于地球自转产生的涡度（行星涡度）和风等空气相对于地表产生的涡度（相对涡度）之和。大气的绝对涡度守恒[2]。

接下来，让我们以北半球为例，看一下高纬度大气气流向低纬度移动时会发生什么。

行星涡度随纬度降低而递减，而大气绝对涡度守恒，所以相对涡度必须随之递增。涡度逆时针方向为正[3]，涡度变大，气流逆时针旋转。也就是说，北半球越往南，低压气旋越强。当北方的空气向南方移动时，可以吸收逆时针旋转空气漩涡的动量。

另一方面，处于低纬度的空气向北移动时，情况则刚好相反，会吸收到顺时针旋转空气漩涡的动量。台风范围极大，台风的西侧

---

[1] 涡度是一个三维矢量，指的是速度场的旋度。在大气中，涡度即一个空气微团的旋度。
[2] 绝对涡度守恒是指在正压、水平无辐散和无摩擦的大气中，绝对涡度的垂直分量不随时间变化的现象。
[3] 按照惯例，取从上面看来逆时针方向旋转的趋势为正涡度，而顺时针方向旋转的趋势为负涡度。

（北风）和东侧（南风）之间会形成如图1所示的两个漩涡，它们在内部形成一个向西北方向的合力。这种现象被称为β漂移，初期在气流不强的高空，台风受到这个合力的作用，会向西北方向移动（图1）。另外在世界大洋环流中，特别是像黑潮[1]和墨西哥湾暖流等在海洋西岸变强的洋流，β效应也扮演了重要的角色。

图1　β漂移解析图

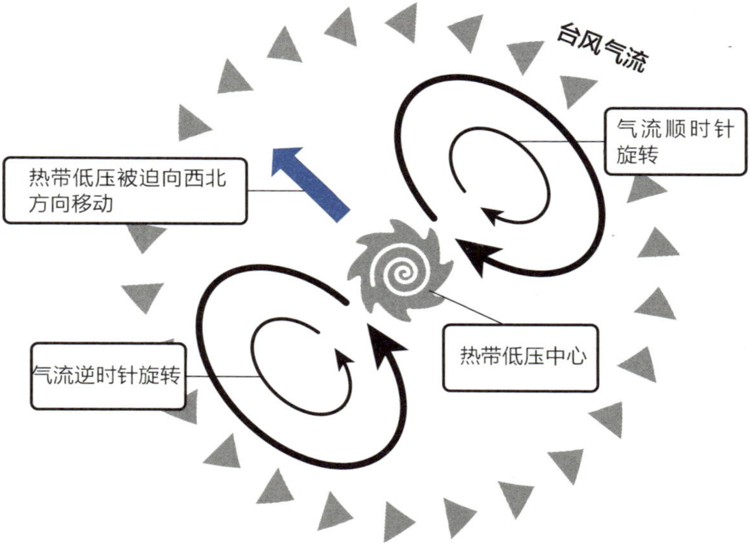

台风气流

气流顺时针旋转

热带低压被迫向西北方向移动

热带低压中心

气流逆时针旋转

摘自：《β漂移 天气60》(第133～135页) [日] 山口宗彦（2013年）

---

[1] 黑潮又叫"日本暖流"，是北太平洋西部流势最强的暖流，是北赤道暖流在菲律宾群岛东岸向北转向而成。

小专栏

科里奥利力

在正在旋转的物体上,另一个物体想要直线前进,但受到旋转物体表面上的力作用,运动方向弯曲了。如图所示,A站在逆时针方向旋转的圆盘的中心,向外侧投球。球沿着箭头的方向笔直前进,但是球落到B手里之前,B会向旋转方向移动,因此从B的角度来看,球好像向左偏移了。而从投出球的A角度来看,球似乎向右转了。像这样旋转物体表面,弯曲物体运动方向的力就是科里奥利力(转向力)。地球不断转动,会影响低气压和高气压等大规模空气的流动。

在正中心俯瞰逆时针旋转的圆盘

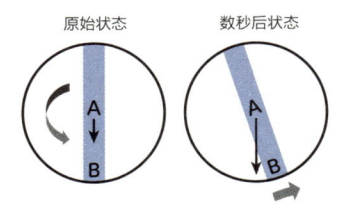

但地球并不是旋转的圆盘,而是球体,因此科里奥利力根据纬度的不同而变化。它具有在高纬度上强,在低纬度上弱(在赤道上不起作用)的性质。

9 为什么会出现"游击暴雨"？
暴雨增加，降水天数却在减少

局部地区短时间内下暴雨被称为"游击暴雨"。它不是一个正式的气象学专有名词。在媒体公布的新语、流行语大赏中，该词汇当选，为大家所熟知。它没有定义，可能接近气象厅播报天气时使用的"短时间强降雨""局部地区大雨"。"游击暴雨"并没有一个特定的成因。

导致短时间局部地区强降雨的原因很多，如台风等强盛的低压气旋。最近也有媒体指出，城市化带来的热岛效应导致气流上升引发大暴雨，不过研究者还没有发现两者之间存在明显的相关性。不过，随着城市化进程的加快，沥青等覆盖率逐渐提高，雨水流失量增加问题日益引人注目。

那么，为什么最近所谓的"游击暴雨"会增加呢？

日本气象厅除了在气象台观测以外，还通过全国的AMeDAS（气象数据自动采集系统）观测系统进行降水量的观测。根据AMeDAS观测结果，1小时降水量达50 mm以上的年发生次数，每10年增加20.5次（可信度大于99%，具有统计意义，图1）。近10年（2008—2017年）的年平均发生次数（约238次）是统计之初的10年（1976—1985年）的年平均发生次数（约174次）的约1.4倍。

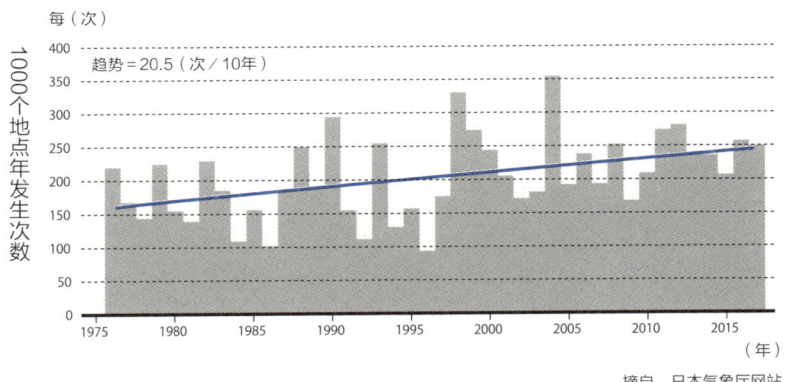

然而全国日降水量1 mm以上的年总天数（降水天数）在逐年减少（统计起止时间为1901—2017年，每100年减少约9.7天。可信度大于99%，具有统计意义，图2）。

至于导致这种现象的原因，与许多自然现象变化有关，虽然不能简单概括，但<u>至少知道随着全球变暖，强降水发生频率在增加（降雨方式变化）</u>。IPCC评估报告指出，预计今后该趋势还将持续（根据模型预测）。

曾经那样富有情调的缠绵细雨渐少，取而代之的是如热带般的疾风骤雨，这样的天气变化不知会对我们的生活产生何种影响。

图1　1小时降水量达50 mm以上的年发生次数

摘自：日本气象厅网站

图2 日降水量1mm以上的年总天数（51个地点平均值）

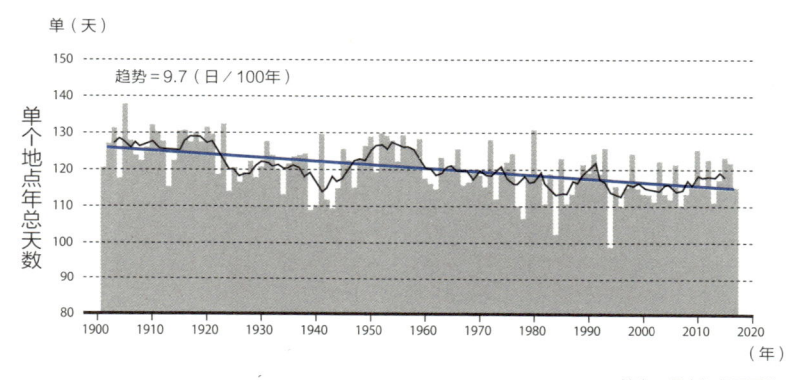

单（天）

趋势＝9.7（日／100年）

单个地点年总天数

摘自：日本气象厅网站

10 为什么明明山上离太阳更近，气温却反而不高？
空气中热量流失，气温下降

地球上空，从地面到宇宙空间，温度分布情况是怎样的呢？

在大气存在的范围内，从地面自下而上依次是对流层、平流层、中间层、暖层、散逸层，温度分布情况如图1。通常情况下，地球吸收太阳热量，越往外温度越低，不过平流层富含的臭氧可以吸收紫外线，导致温度上升。另外暖层中的氧分子和氮分子吸收来自太阳的紫外线和X射线，导致气温升高。

接下来我们来研究下人类生活的对流层（云和雨等天气现象都出现在此层，范围从地面向天空10 km左右）。例如，在高山上的话，大家都知道虽然离太阳比低地近，但是气温一般比低地低。想要弄清其中原委首先要了解气压。

大气包围着地球，它本身也是有重量的，我们生活在大气底部，其实头以及身体都承受着大气的压力（大气的压力=气压）。我们承受的大气压有多少呢？标准大气压为1013 hPa（能支持约10 m高水柱），可以说压力相当之大。

那么，这样的大气柱，越往上，空气量越少，受到的压力就越小（图2）。例如，海拔5500 m山上受到的大气压力约是海拔0 m地面的一半，也就是说气压约是地面的一半。

图1 气温的垂直分布

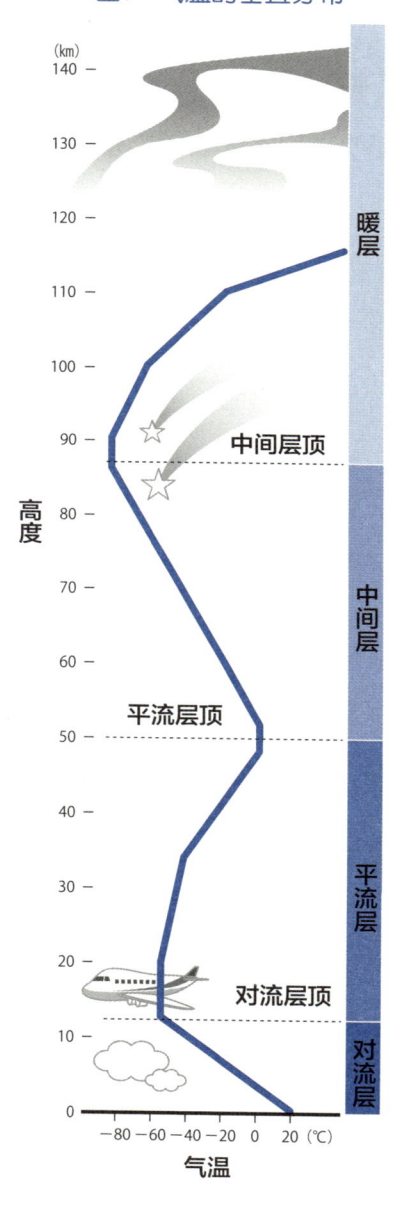

高度 (km)

- 暖层
- 中间层顶
- 中间层
- 平流层顶
- 平流层
- 对流层顶
- 对流层

气温 (℃)

摘自：《地理学》（第222页 图4）日本启林馆版

根据热力学第一定律，空气吸收热量后除了温度上升外，还可以获得做功的能量，体积膨胀。所以，假设空气没有从外部吸收热量，那么空气体积膨胀（绝热变化）时使用的能量就来自空气本身的热量，也就是说空气丧失热量温度下降。

下面我们考虑一下空气以风的形式从海拔低的平地移动到高山上。就像上文说的那样，气压越往高处越低，所以被抬起的空气气压比周围原本就在那里的空气气压高。因而空气做功体积膨胀，本身温度下降。

空气在气压低的高处比在低处温度低，所以高山上的气温低于低地。至于温度降低程度，请参看焚风现象（本书第113页）。

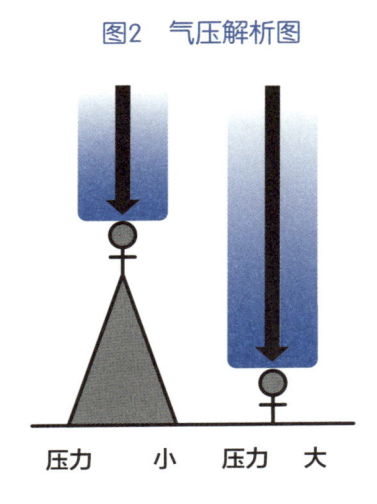

图2 气压解析图

11 为什么会产生云？
飘浮在空中的云其实是空气中饱和的水蒸气

空气中的水蒸气形成小水滴或凝华成小冰晶，聚合后飘浮在空中，就形成了云。空气能包含的水蒸气（气体）是有限的，超过限度水蒸气就会凝结成小水珠（液体）。

空气能包含的水蒸气量被称为饱和水蒸气含量，与温度呈正相关关系，温度越高含量越大。 如图1所示，30℃空气的饱和水蒸气含量约为30 g/m³，也就是每1 m³空气含有约30 g水蒸气。

假设有30℃的饱和空气，当温度下降到20℃时，空气的饱和水蒸气含量约为16.5 g/m³，那么1 m³空气就要有16.5 g的水蒸气凝结成小水珠，这些小水珠就组成了云。

越往上空温度越低。因此含一定量水蒸气的空气越往上升（像焚风现象随风因地面高度被迫抬升，或者低气压中心的上升气流等），温度越下降，**空气中水蒸气含量达到饱和水蒸气含量时，就会形成云。**

但是，这些小水滴为了以表面积较小的形态存在，会借助表面张力作用阻碍凝结。所以温度再低，水蒸气也无法凝结成10 μm以上的云滴（半径大约为0.01 mm的小水滴）。实际情况是水蒸气必须要聚集在一个核心（凝结核）周围。做凝结核的颗粒（悬浮大气微粒）可以是海盐、土壤等自然界微粒，也可以是煤等人为微粒。

雨根据形成原因分为冷雨和暖雨（图2）。在积雨云中的冰晶（冰粒）会抢走冷却水滴的水分子，冰晶不断凝华增大成为冰花或冰雹，它们在降落时融化成雨被称为冷雨。

在另一种不含冰晶的云内部，云滴们反复上升下降，下落速度快的大云滴捕捉小云滴，成长为较大的雨滴。这样的雨被称为暖雨。

冷雨主要在高纬度地区上空，而暖雨则多出现于暖季时的低纬度和中纬度地区。

图1　饱和水蒸气含量与温度关系

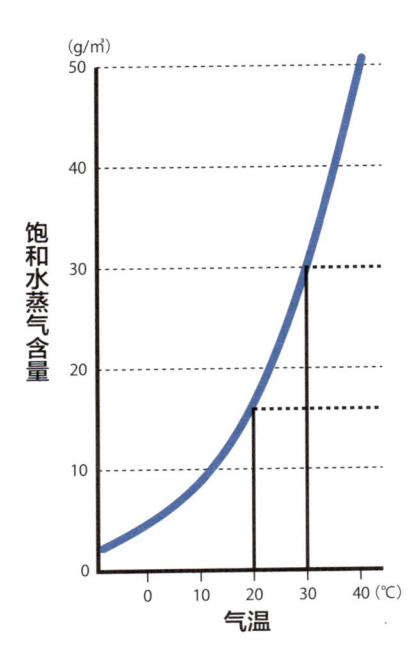

摘自：《地理学》（第114页图10）日本启林馆版

图2　冷雨和暖雨形成原因

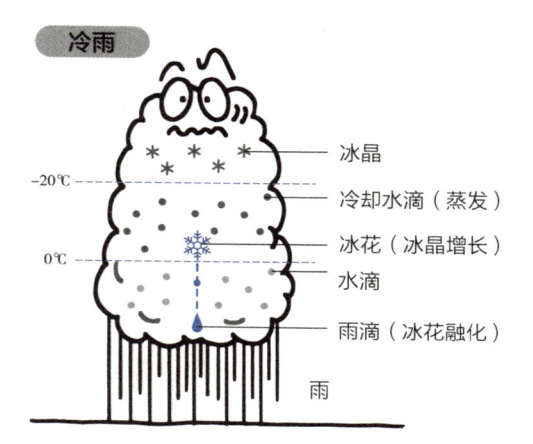

冷雨

-20℃ ······· 冰晶
　　　　　　冷却水滴（蒸发）
0℃ ········· 冰花（冰晶增长）
　　　　　　水滴
　　　　　　雨滴（冰花融化）
　　　　　　雨

暖雨

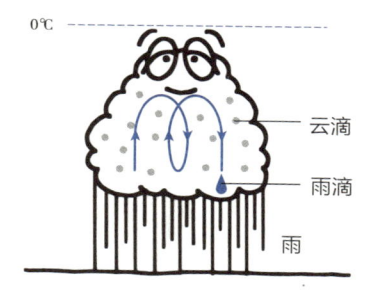

0℃ ·········
　　　　　　云滴
　　　　　　雨滴
　　　　　　雨

摘自：《地理学》（第241页）日本启林馆修订版

12 为什么会产生龙卷风？
龙卷风分为超级单体风暴龙卷风和非超级单体风暴龙卷风

根据日本气象厅定义，龙卷风是指"伴随着积雨云的强烈上升气流中伸下的猛烈旋转的空气旋涡，多为漏斗状云柱"。龙卷风和旋风都有旋，容易混淆，日本气象厅的官方解释是旋风"是在天气晴朗的白天，地表附近空气被晒得很热，空气上升而产生的空气旋涡"，或者是"建筑物或地形迫使气流形成的旋涡，寿命很短，不会造成破坏"。尘卷风[1]、旋风出现不会伴随积云和积雨云。

参考小林文明（2004年）的说明，龙卷风分为超级单体风暴龙卷风和非超级单体风暴龙卷风。关于这两种类型的形成原因，本书后文（参看第132～133页）会有说明。超级单体风暴龙卷风的特点是拥有成熟而发达的积雨云，且由于风在垂直方向上不断变化，积雨云本身会旋转。

下面我们来看一下实验室中模拟龙卷风旋涡变化（图1）。大家都看过花样滑冰吧？选手开始旋转时会大大地张开双臂慢慢旋转，接着收缩手臂以提高旋转速度。其原理就是在旋转能量一定的

---

[1] 尘卷风是在近地面气层中产生的一种尺度很小的旋风，它可以把尘土和一些轻小物体卷扬到空中，形成一个小尘柱，其直径在几米左右，持续时间只有几分钟。

情况下，旋转半径缩小，旋转速度就会提高。龙卷风也是这个原理，**在近地面缓慢旋转的管子（称为涡管）被纵向拉伸，其半径变小，速度提升，形成具有强旋转的龙卷风。**

通常低气压的风向受到三种力作用，分别是气压梯度力（低气压中心气压较低，力的方向由高压指向低压）、科里奥利力以及因旋转而产生的向外的离心力。龙卷风水平方向规模较小，受到的科里奥利力可以忽略，气压梯度力和离心力处于平衡，形成旋衡风。

不过在确定低压或高压的旋转方向时，科里奥利力还是不能被忽略的，所以**龙卷风既有顺时针方向旋转的又有逆时针方向旋转的。**

伴随中气旋而来的龙卷风，其旋转方向与中气旋的旋转方向相同，也就是说，龙卷风在北半球多为逆时针方向旋转。

图1　模拟龙卷风实验

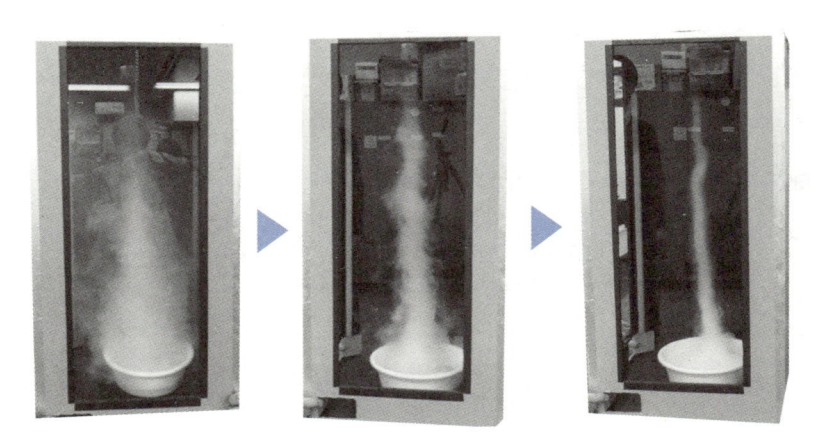

从实验箱的底部四角吹入空气产生旋转（制造旋涡），利用吸尘机纵向拉伸（模拟上升气流）。白色的烟是干冰

非超级单体风暴龙卷风

1 风与风在地面附近碰撞，出现水平切变[1]。

2 切变线[2]不稳定，在地面附近形成一些旋涡。

3 发展中的积云、积雨云偶然经过，其上升流和这个旋涡发生耦合的话，这个旋涡就会因上升流而向上拉伸，形成龙卷风（垂直旋涡）。

水龙卷
2005年出现于美国佛罗里达州，是超级单体风暴还是非超级单体风暴尚不明确

---

[1] 水平切变是指风在水平方向上的不连续现象。有时表现在风速上，有时表现在风向上。
[2] 切变线是风场中具有气旋式切变的不连续线，是相对流场而言的天气系统，主要出现在对流层中低层。

超级单体风暴龙卷风

1. 在积雨云的云底，由于风的垂直切变（风的高度、方向不断变化），形成水平涡管。

2. 积雨云中强大的上升气流将这个水平涡管提成竖直，龙卷风的对流母体（中气旋）形成。

3. 积雨云中产生强大的冷气流下沉到近地面，在水平方向运动的风（外流）前端（飑锋）中，形成更大的旋涡（阵卷风）。

4. 上空的中气旋和近地面的阵卷风强强联手，就形成了从地面到天空的龙卷风。在龙卷风中会看到漏斗云，它是龙卷风吸入的空气中的水蒸气因气压急剧下降而凝结形成的。如果空气很干燥是看不到漏斗云的。

看起来似乎是普通的雷雨云，实际水平方向正在大规模旋转

第4章

地质学

1 日本列岛是如何形成的？
约7亿年前诞生，约2亿5000万年后将消亡

日本列岛的起源可以追溯到距今约7亿年前，然而不幸的是，约2亿5000万年后日本列岛将消失。因此，它将拥有约9亿年的历史。

这9亿年，可大致分为三个时期（表1）：

（1）距今7亿年到5亿年前的大西洋型大陆边缘时期；

（2）距今5亿年前到约5000万年后的太平洋型大陆边缘时期；

（3）5000万年后到2亿5000万年后的大陆碰撞时期。

距今约7亿年前，罗迪尼亚大陆分裂，日本诞生。在前寒武纪时代，以现在的中国南部为中心的大陆块（华南地块）分裂出来，日本是该陆块边缘的一部分（图1）。此时的地块包含日本，其周边类似现在的大西洋沿岸（纽约、波士顿等城市所在的北美东海岸），只是大陆边缘，还不是板块边界。到距今5亿年前左右，大陆与海洋的交界处开始下沉，日本的海洋一侧逐渐演变成如今的太平洋型大陆边缘。此后，地形构造基本没有变化，维持到现在。在地下，岩浆活动十分活跃，大陆地壳（花岗岩类）不断累积增厚。而在海沟处，附加体逐渐堆积起来。

附加体主要是海洋沉积物以及来自陆地的沙石淤泥附着在海沟

上形成的。因为总是较晚时期的附加体附着在较早时期的附加体之下，所以从外观上看，它和一般的地层构造刚好相反，越往上越古老，越往下形成年代越新。

过去5亿年累积的花岗岩类和附加体最终孕育了如今的日本。距今2亿3000万年前，包含现在的中国北部及朝鲜半岛的华北地块和华南地块不断碰撞融合。此时，日本被迫移动至盘古大陆东端，之后基本就固定在现在的位置——欧亚大陆东端。

距今约2000万年前，相当于如今日本的地带和大陆之间产生了巨大的裂隙（裂隙带），张开的裂隙间出现了日本海。日本第一次

表1 日本列岛与太平洋的诞生与消亡

年代（上亿年前）	新元古代后期		古生代					
	成冰纪	埃迪卡拉纪	寒武纪	奥陶纪	志留纪	泥盆纪	石炭纪	二叠纪
	7	6	5		4		3	
主要地质事件	**1. 诞生**【裂陷作用·太平洋】		**2. 地壳开始成长**【构造反转】					
	←大西洋型大陆边缘时期→							
主要产物 附加体 花岗岩（亿年前）	裂陷带/大陆边缘沉积物		5.2~4.7	4.4~4.0			?	
超级大陆与超级海洋	罗迪尼亚大陆		冈瓦纳大陆					
	←							

与大陆分离，形成了如今的日本列岛。在此之前，日本西南地区和东北部地区一直共为一体，此时开始分裂，中部地区和关东地区之间出现了明显的分界线——中央地沟带。其西端到静冈县和新潟县的糸鱼川断层线（糸鱼川—静冈构造线），东端到利根川中流域的地下及茨城县的棚仓断层。

假如目前的板块运动不变化并持续下去，大约5000万年后，澳大利亚将北上越过赤道，撞碎巴布亚新几内亚、菲律宾的岛屿，并一直移动到欧亚大陆东端，撞击到如今的日本列岛。到时日本将被陆地圈禁起来，远离海洋。

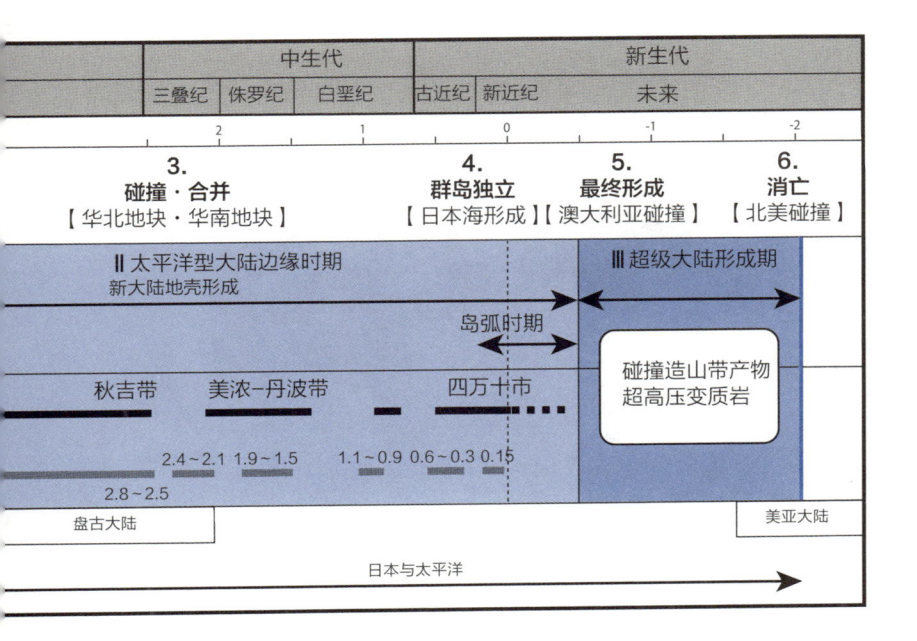

	中生代			新生代		
三叠纪	侏罗纪	白垩纪	古近纪	新近纪	未来	
2		1	0		-1	-2
3. 碰撞·合并【华北地块·华南地块】			4. 群岛独立【日本海形成】		5. 最终形成【澳大利亚碰撞】	6. 消亡【北美碰撞】
Ⅱ 太平洋型大陆边缘时期 新大陆地壳形成					Ⅲ 超级大陆形成期	
				岛弧时期		
					碰撞造山带产物 超高压变质岩	
秋吉带	美浓-丹波带		四万十市			
	2.4~2.1	1.9~1.5	1.1~0.9	0.6~0.3 0.15		
2.8~2.5						
盘古大陆					美亚大陆	

日本与太平洋 →

再到约2亿5000万年后，北美大陆与亚欧大陆不断碰撞、融合，最终形成新一代超级大陆"美亚大陆"（美洲＋亚洲的意思）。

现在的日本列岛届时将成为主要大陆之间的冲突边界，地表挤压隆起形成像阿尔卑斯山和喜马拉雅山脉那样的地带，而太平洋则完全消失（图2）。

图1 日本的起源

图2 未来日本消失

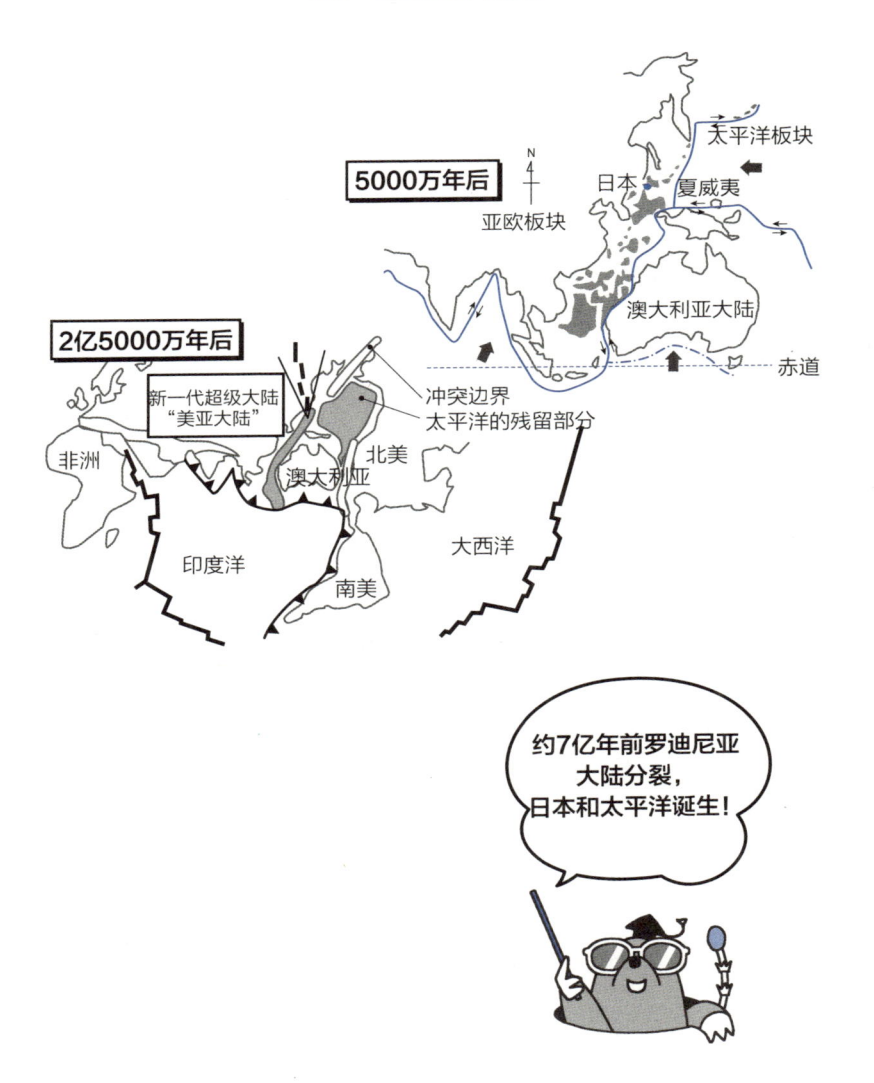

5000万年后

太平洋板块
日本
夏威夷
亚欧板块
澳大利亚大陆
赤道

2亿5000万年后

新一代超级大陆"美亚大陆"
冲突边界
太平洋的残留部分
非洲
澳大利亚
北美
印度洋
南美
大西洋

约7亿年前罗迪尼亚大陆分裂，日本和太平洋诞生！

2 岩浆冷却后会形成宝石吗？
除了钻石以外，岩浆很难形成其他宝石

什么是宝石呢？

在我们人类世界中，价值较高的贵重矿物被称为宝石。所以宝石要符合以下几个条件：

（1）少见、稀有，开采难度大；

（2）坚硬不易坏；

（3）拥有美丽的结晶体。

岩浆冷却后形成火成岩，其中含有的造岩矿物有长石、石英、辉石、橄榄石、角闪石、云母等。这些矿物中只有石英和橄榄石可以形成宝石。

石英是一种六方柱状晶体（俗称水晶），有各种各样的颜色。例如，紫色的水晶被称为Amethyst，就是一种宝石。橄榄石富含镁元素，呈现美丽的橄榄色。大型橄榄石是一种宝石，被称为Peridot。Amethyst可不是岩浆形成的，而是从热液[1]中结晶出来的。Peridot在火成岩中也很难找到。不过地幔中的粗粒岩石深成

---

[1] 热液又称汽水热液，是地质作用中以水为主体，含有多种具有强烈化学活性的挥发份的高温热气溶液。

岩[1]富含橄榄岩，其主要成分是橄榄石。所以好像到处都出产橄榄石似的。

众所周知，贵重宝石有红宝石、蓝宝石、祖母绿、翡翠、钻石等。宝石中含有铝氧化物而呈现红色的是红宝石，呈现蓝色的是蓝宝石，无色透明的是钻石。它们都是极其坚硬的矿物。

祖母绿是一种美丽的矿物，它呈现绿色，是含有铍元素的绿柱石。翡翠，也称翡翠辉石，是辉石的一种，一般是带有绿色的坚硬矿物。图1展示了翡翠和钻石的转化反应温度。钻石因碳元素受超高压而形成，折射率极高，是一种十分坚硬的矿物。一般情况下，只有变性岩这样受高压力而形成的矿物才会有这样的性质，而火成岩是不具备类似性质的，但钻石例外。金伯利岩是由富含碳酸盐的特殊岩浆形成的火山岩。它来自地幔这样超高压的环境，被岩浆一口气搬运出来。几乎所有的钻石都是从金伯利岩中开采出来的。

不过一般情况下，宝石是很难从岩浆中形成的。

---

[1] 深成岩是指岩浆在地下深处（>3000 m）缓慢冷却、凝固而生成的全晶质粗粒岩石。

图1　翡翠与钻石的转化反应温度

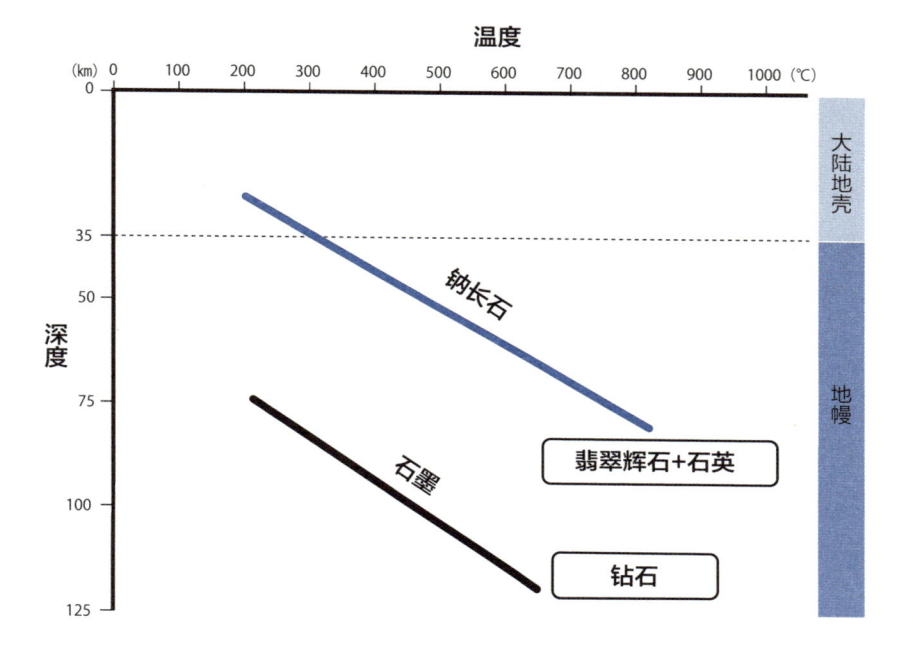

3 为什么说地层可以记录地球表面的历史？
地层可以帮助我们解读从地球诞生初期开始的地表环境变化

地层到底是什么？简而言之，是地下的岩石层，再详细点说，是层状累积的沉积岩的集合。这些层状岩石里浓缩了各种各样的信息。**岩石和地层保存着其形成时的信息，可以说是一本重要的历史书，能探寻地球的过去**（图1）。

特别是在复原过去生物在地表的生存环境方面，沉积岩（地层）的记录有着不可或缺的作用。

地表本来的岩石被侵蚀，经河流搬运，因重力原因，最终沉积在稳定的海洋（或者湖和河川）的底部，从而形成地层。因为地层是按沉积的顺序逐层累积的，所以**深厚而连续的地层可以连续不断地记录沉积地点的环境变化**（图2）。层层堆叠的地层就好像书籍一样进行着有序记录。

研究各个区域沉积地层，我们可以解读这些区域的环境变迁，在更长的时间尺度上，我们可以**解密早期地球到现如今的地表环境的变迁史**。

表面有大面积液态水覆盖，且稳定地覆盖了40多亿年，这是地球独有的一大特征。在太阳系中也只有地球保存下了如此长期的表层地层记录，实属难得。

近期有科学家发现初期的火星上曾有流水的痕迹,但存在时间很短暂。另外,火成岩和变质岩也记录了地球自身的变化,但记录的连续性与精度都与地层相差甚远。

图1 地层保存着其形成时的记录,是一本极其珍贵的历史书

在日本房总半岛发现200万年前巨型地震遗迹——大规模海底滑坡"滑塌沉积层"。具体位置在安房区域广域农道安房白滨隧道附近。距今1000万～400万年前,在水深1500～2000 m的深海,沙石泥土堆积隆起,深海地层分裂。在房总半岛近海区域,相模海沟每隔几百年就会发生大地震,使海底隆起,导致地壳变动。其变动速度为世界之最,大约7000年35 m

图2　地层连续记录环境变化

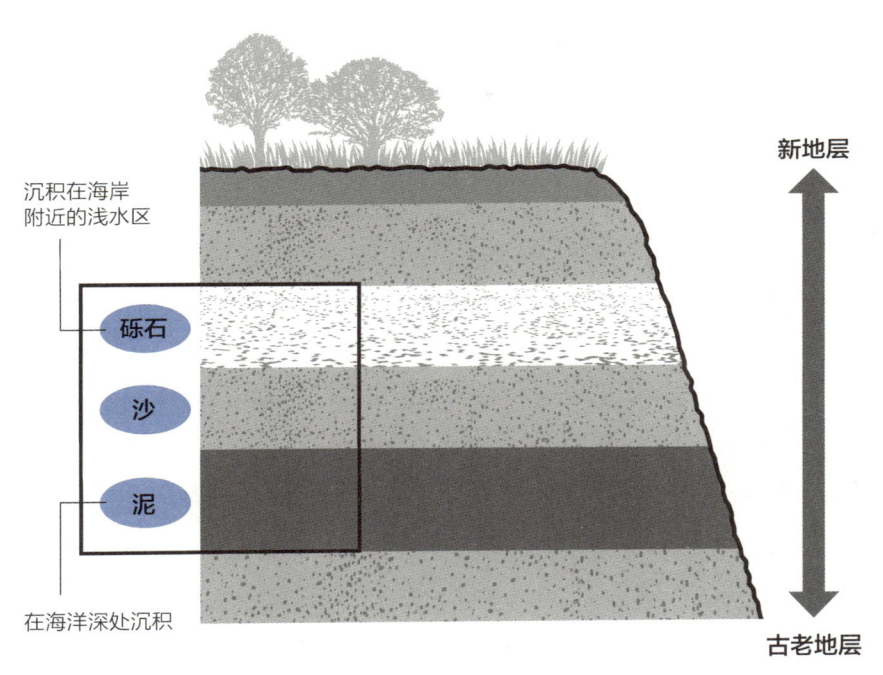

沉积在海岸附近的浅水区
- 砾石
- 沙
- 泥

在海洋深处沉积

新地层 ↕ 古老地层

水深变浅，地层逐渐移动到海岸附近

4 我们通过化石能发现什么？
地层是地球历史的最好记录介质

化石指的是过去生存过的生物遗留下的所有痕迹（图1）。所以化石不单包含生物体的遗体部分，比如骨头和牙齿，还包括脚印和巢穴等间接产物。而近年来，生物的形态消失后，其化学物质（有机分子和元素同位素比等）残留下来的记录也被称为化学化石。生存过的生物体，死后通常会分解消失，所以地层中残留的化石记录是相当珍贵的（图2）。

目前的研究十分盛行基于化石复原远古地球表层环境，这些研究都好像从墙上的小孔窥视墙的另一边，想追溯的时代越古老，研究就越困难。尽管困难，但到目前为止，科学家们还是花了200多年时间研究了全世界的悬崖，并整理出化石目录及其产出地层的数据。

一般情况下，只有沉积岩（地层）中才会有化石。如上文所述，地层是地球历史最好的记录介质，沉积的顺序也就代表着化石生物生存的时间顺序。

所以科学家们通过努力，完成了各个地质时代的代表性化石列表。如今只要发现特定的化石，就能判断出其存在地层的相应地质年代。近年来又有了放射性同位素法来测定刻度。只要发现化石，马上就能知道它来自距今多少年前。

另外，某种化石与现存生物生活形态比较，可以显示出其所属地层沉积时的环境状况。比如现在的珊瑚一般生活在温暖的浅海，那么有珊瑚化石的地方表示过去有过同样的环境，双壳贝类化石的种类也可以帮助区分判断这里曾经是海水还是淡水。

图1 化石是生物痕迹的宝库

图中为化石的一种形态——硅化木（木化石）。在漫长的岁月中，在地层的压力下，含有二氧化硅的地下水进入树木的细胞组织中，树木中的元素被二氧化硅（硅）交代[1]，保留了树木的形态，变成树木化石

---

[1] 交代指"交代作用"，是物质成分注入和逸出的作用，是在温度、压力、溶液化学成分发生改变后发生的一种置换现象。

图2 埃塞俄比亚的"露西少女"(模型)

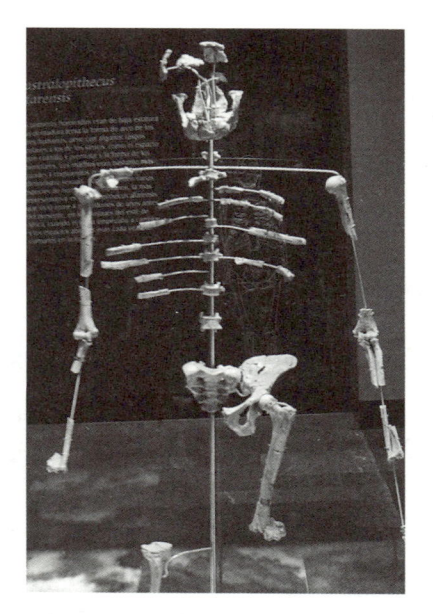

1974年在埃塞俄比亚东北部哈达尔村发现的南方古猿化石人骨,距今318万年前,被命名为露西

5 日本现在还是"黄金之国"吗？
1t矿石含有1g黄金，开采就能盈利

古时候，日本被称为"黄金之国"，曾经开采出大量的黄金。那么，黄金到底是如何被开采出来的呢？

金不会与其他元素发生化学反应，变成氧化物、硫化物或者其他什么化合物。虽然有时它会与白金或银形成合金，但基本上是单独（独立矿物）出现的。虽然岩石中的金极其有限，但它是非常稳定的重元素。岩石受到风化作用时，其含有的微量的金被流水带走，受重力影响沉降，在河沙中形成砂金。有时砂金也会聚集、凝固在一起，形成大型的金属块。

古时候，人们开采的金矿主要是这样的砂金。1848年，在美国加利福尼亚发现了金矿，第二年爆发了淘金热潮，人们争相开采砂金。当然最初在日本东北地区开采的黄金，也是砂金。

到了战国时代，出现了在岩石上挖坑道来开采金矿的形式，被称为"坑道采矿"。其中最为著名的是江户时代的佐渡金山。坑道采矿时，**金一般隐藏在石英矿矿脉中**。100℃到250℃的低温热液从矿脉裂隙侵入，结晶后形成石英矿矿脉。这样的石英矿矿脉中经常含有黄金，人们开采矿脉后可以分离出里面的黄金。

现在也有这样的说法，只要石英矿石中含有1ppm，即1t中

含有1g黄金，那就称得上是合格的金矿。虽然这样的含量极其微小，但毕竟是黄金，还是可以盈利的。铜、铅、锌等矿山由于开采成本问题，目前全部处于关闭状态，日本目前只有部分金矿山仍在开采。

最有名的金矿山位于鹿儿岛县，叫作菱刈矿山，隶属于住友金属矿业。这座矿山很年轻，从1983年开始动工，在不到一年的时间里，开采出了大量的黄金。**其产量超过了佐渡金山江户时代出产的黄金量。**菱刈矿山的金矿石达到了世界最高水平，拥有每吨40 g的高品位。如今该矿山每年也能出产6 t黄金。

据科学家们推测，日本除了菱刈矿山以外，还有很多金矿床沉睡在地下。令人意外的是，日本至今仍可以算是"黄金之国"。

位于日本鹿儿岛县北部的伊佐市。它是著名的伊佐米产地，有世界屈指可数的高品位金矿——"菱刈矿山"。金矿床表层覆盖着第四纪的火山碎屑沉积物，矿胚位于沉积物下面的新生代火山岩层中的石英矿脉中

6 为什么会有鬼斧神工的地质奇观?
自然界的风化作用将岩石雕刻成艺术品

我们经常能看到许多岩石构成的地质奇观,有的宛若宝塔,有的像一面高墙,有的像一颗巨蛋……

这些鬼斧神工的地质奇观到底是如何形成的呢?

岩石上如果有很多裂缝等不连续面,在受到风化作用时,岩石会逐渐破碎崩塌,不会形成像巨塔或墙壁那样的形状。但如果岩石结构是均质的且形状呈块状时,即使受到风化作用也不容易破碎崩塌,就可能形成巨塔或墙壁似的地质景观。花岗岩、凝灰岩、砂岩岩石结构均为均质,容易形成块状的岩石,所以它们都是大自然雕刻绝景的好材料。

花岗岩和砂岩也有裂隙,没有显著位移的断裂,叫作节理。如果风化作用的方向是沿着节理的话,那么层层风化后只剩下被节理夹住的中心岩块。这种风化被称为洋葱状风化。这种情形下,易被风化的砂状部分被先侵蚀掉,留下巨大的卵形岩石。在美国加利福尼亚州的约塞米蒂国家公园,一面面崖壁好像是巨型墙壁,这些景观就是由冰川侵蚀而成。柔软的沉积岩比如砂岩和泥岩,其裂缝被岩浆填满后冷却凝固,形成板状的岩脉。岩脉本身质地坚硬,抗风化能力强,但周边柔软的沉积岩一旦被侵蚀掉后，它就会留下来，像一面巨墙。

在砂岩和泥岩这样的沉积岩中，沉积面为层理构造。沉积岩被侵蚀后，层理面就会出现条纹。倾斜的层理面如果受到立体侵蚀的话，形成的条纹则更加复杂。美国西部大峡谷，河谷中水平方向沉积岩层受到严重侵蚀，形成的悬崖峭壁带着漂亮的条纹（图1）。像这样不可思议的地质奇观，大部分是风化作用而成，是岩石圈、水圈和大气圈之间相互作用的结果，是大自然这一巧手，以岩石为材料，创作出的艺术作品。

图中为有裂隙（节理）的花岗岩，顺着节理风化，逐渐形成球状岩块

节理因风雨等风化而形成的洋葱状风化

图1　美国亚利桑那州大峡谷的地质奇观

注：本图从马瑟观景点拍摄

7 什么孕育盘古大陆（超级大陆）并导致其分离？
板块构造导致大陆诞生和分离

花岗岩质大陆地壳主要在板块俯冲地带形成。板块构造从太古宙（甚至是冥古宙）开始作用，大陆地壳形成可以追溯到地球形成初期。

科学家推测，早期地球内部储存着大量热能，地幔对流剧烈，地表上应该存在着大量的中央海岭和下沉带。后来形成了许多小规模大陆地壳，像现在的伊豆诸岛和小笠原诸岛那样，其中很多逐渐消失，也有一些反复碰撞、合并，逐渐成长为巨大的陆块。到了太古宙末期（距今27亿年前），地幔对流速度下降，单一板块面积逐渐变大。

面积达到一定程度的陆地地块相互碰撞、合并，到距今约19亿年前，形成了最初的超级大陆努纳大陆。此后大陆反复分裂合并，到距今约13亿年前，形成第二个超级大陆罗迪尼亚大陆；到距今约5亿年前，形成准超级大陆冈瓦纳大陆。到了距今3亿年前，冈瓦纳大陆没有包含的北美、北欧以及西伯利亚等地块在北半球合并，最后与南半球的冈瓦纳大陆融为一体，形成了盘古大陆（图1）。"盘古"（图2）的意思是"全部大地"，由"大陆漂移说"之父魏格纳命名。

大陆漂移的原动力，当然是板块构造。由中央海岭构成的海洋底部不断移动，而地球表面并不是无边无际的，总有一天会在某个地方下沉。一片海域的消失必定是因为大陆与大陆之间的冲撞。**大陆间冲撞合体最终形成超级大陆。**

那么，已经成形的超级大陆为什么会分裂呢？

其实这也和板块下沉有关。超级大陆的形成无法避免大面积破坏海洋。**因此，超级大陆之下其实是下沉海洋板块的墓地。**也就是说，**下沉的海洋板块暂时停留在地幔中间，之后成长为更大的板块，迅速沉到地幔底部。**炙热的岩石形成的上升流（羽流）[1]补充上升，到达表层后，开始打破表层的大陆地壳。

---

[1] 羽流是流体力学专用术语，指一种流体在另一种流体中移动。

图1　超级大陆更迭史

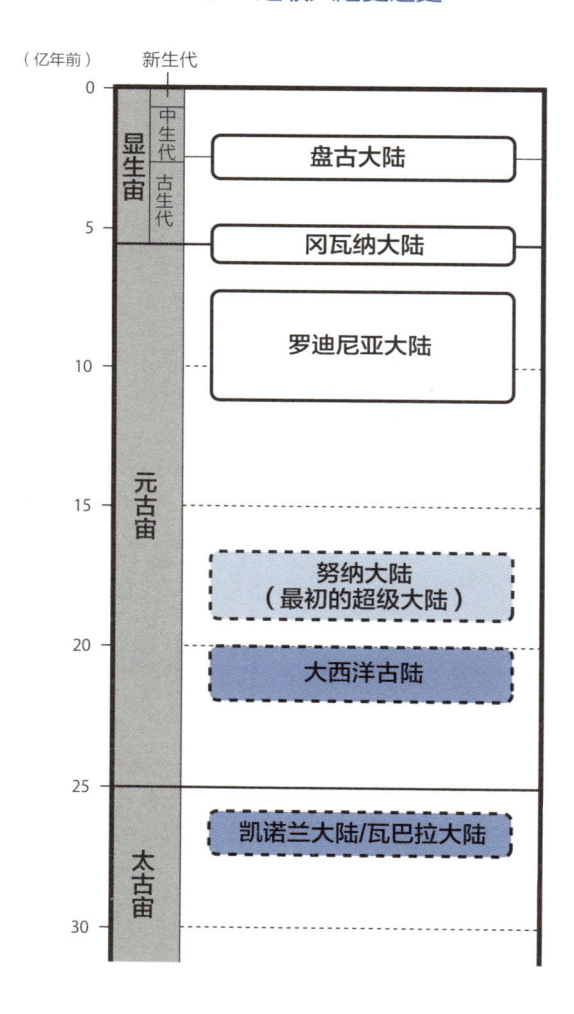

宙	代	超级大陆	亿年前
显生宙	新生代		0
	中生代	盘古大陆	
	古生代		
元古宙		冈瓦纳大陆	5
		罗迪尼亚大陆	10
			15
		努纳大陆（最初的超级大陆）	
		大西洋古陆	20
太古宙			25
		凯诺兰大陆/瓦巴拉大陆	
			30

图2 盘古大陆时期全球地图复原图

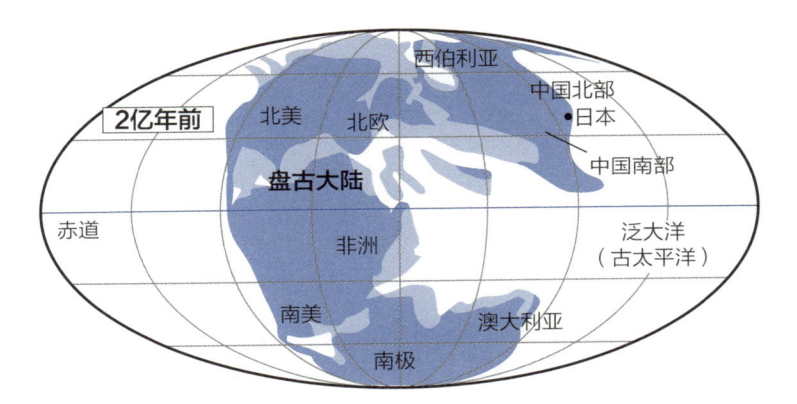

2亿年前
西伯利亚
北美 北欧
中国北部
·日本
盘古大陆
中国南部
赤道
非洲
泛大洋
（古太平洋）
南美
澳大利亚
南极

8 真的存在过"雪球地球"？
"雪球地球"即全球冰冻现象

我们知道在地球历史上，地表环境出现过多次巨变。通过南极冰川人类发现，冰川时期和间冰期曾规律地交替出现。

美国纽约市的中央公园有一些巨型滚石，在冰川时期，它们被面积不断扩大的大陆冰川带过来，到了温暖时期则被"遗留"在这里，成了"弃儿"。

随着全球变冷，地球上的生物受到了极大的影响。有的生物陷入了生存危机，有的生物比如人类利用海平面变低，在除南极以外的世界各大洲广泛分布。即使在那个时候，从两极延伸出来的冰川，最前线只能到达北纬/南纬30°左右，赤道区域还保留着温暖的环境。

不过，在20世纪末科学家们发现，早在人类祖先所知道的冰川时期之前的前寒武纪时代，就已经发生了两次大规模冰寒期。根据赤道区域的古地磁和冰河性地层的研究，距今约23亿年前和7亿年前，高纬度地区不用说，就连赤道区域也几乎全部被冰川覆盖。

下面我们试着想象从宇宙眺望当时的地球，地球满身是冰，一定很像飘浮在黑暗宇宙中的雪球吧。

因此，这样的全球冰冻现象被称为"雪球地球"（图1）。在

图1 "雪球事件"始末

极冠扩大 — 火山气体

天气极度寒冷，海洋开始冻结　　　　　　　CO_2循环重启，海洋复原

"雪球地球"状态下，海平面全部被冰层覆盖，按理说原本从陆地沉积到海洋的砂石应该完全不能沉积。但是，海洋中的地层记录显示，从距今约39亿年前到现在沉积几乎未停止。也就是说，<u>地球表面大部分时候存在液态水（海洋），海底地层沉积未曾中断</u>。

<u>地球历史上只发生过两次例外的"雪球事件"</u>。有趣的是，在这两次事件发生时，<u>大气氧浓度随之急剧上升，而且紧接着新的生物就登场了</u>。

在距今约23亿年前的"雪球事件"之后出现了真核生物；在距今7亿年前的"雪球事件"之后出现了个体体型达到1 m的埃迪卡拉生物群（图2）。环境突变与生物进化存在着某种微妙的联系。

不过，究竟是什么原因引发了"雪球事件"，又是什么导致"雪球"在短时间内解冻，目前尚无定论。一般来说，大气中的二氧化碳浓度降低，温室效应的影响也会降低，气候就会变得寒冷。但是在"雪球事件"发生的前寒武纪时代，大气中的二氧化碳浓度是现在的数百倍，所以也解释不通。

关于形成原因，目前一个假说是银河系中有超新星爆发，导

图2 生物体的体型变化

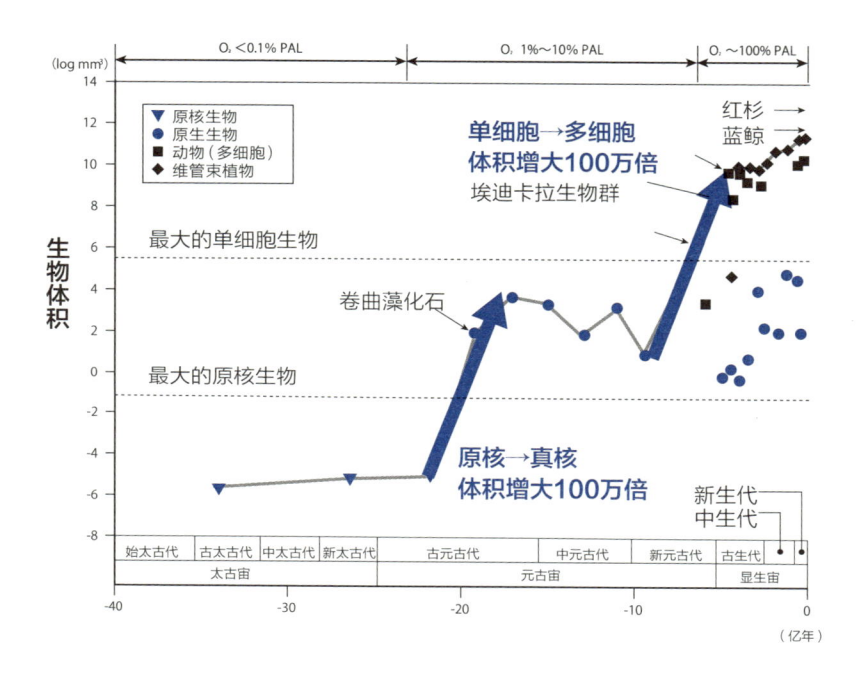

致大量宇宙射线流入，在地球大气中形成大量的云，长时间隔绝阳光，地表变冷。另一个假说（图3）是大规模的暗星云经过太阳系，暗星云的尘埃阻断了太阳光，导致地球变冷。那么，到底哪一个假说才是"雪球事件"产生的真正原因呢？

图3 暗星云致冷假说

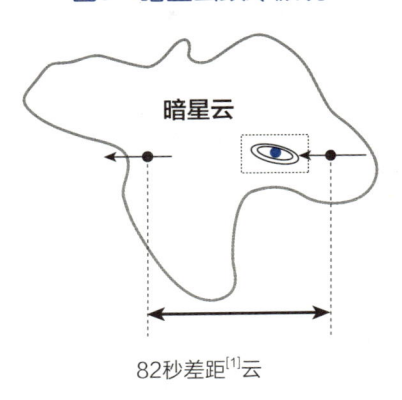

暗星云

82秒差距[1]云

---

[1] 秒差距是天文学中使用的距离单位,主要用于量度太阳系外天体的距离。

9 为什么史上体型最大的生物会大量灭绝？
该生物灭绝后哺乳类动物诞生

在46亿年的地球历史长河中，在距今约5亿4000万年前各种各样的动物才大规模爆炸式出现。到了**距今约2亿5000万年前，也就是古生代末期的二叠纪，多数动物灭绝**。根据世界各地的化石资料记录，当时海里约八成的无脊椎动物，陆地上七成以上的动物和昆虫遭到灭族之灾。

在已灭绝的生物中，具有代表性的，除了有"古生代化石之王"之称的三叶虫以外，还包括古生代型珊瑚、腕足类和单细胞䗴类等。这次灭绝是5亿年动物史上规模最大的一次，号称史上最可怕的大规模灭绝（图1）。不过，**物种大量灭绝也有很重要的作用——加速生物进化。在中生代最初的三叠纪存活下来的动物中出现了早期哺乳动物。**

二叠纪末灭绝是第二次生物大灭绝，第一次发生在二叠纪中期和后期过渡阶段（2亿6000万年前）。关于灭绝原因，科学家们提出各种假说，目前尚无定论。

近年来，欧美研究人员主张的"巨大火山喷发说"被广泛认同，因为另一个可能性较大假说"巨大陨石撞击地球说"，没有发现证明撞击的证据。

研究人员在玄武岩中发现了火山喷发痕迹，时间与两次生物大灭绝时间基本吻合。在中国南部峨眉山玄武岩中发现的喷发痕迹与第一次灭绝时间重合，在西伯利亚的玄武岩中发现的痕迹则与第二次灭绝时间重合。

不过，生物大灭绝不仅仅是灭绝了火山喷发地点周围的生物，世界上其他地区生物也惨遭灭绝，这到底是什么原因呢？主张"巨大火山喷发说"的研究人员认为，火山喷发释放的二氧化碳气体导致大气二氧化碳浓度急剧上升，全球爆发超级温室效应，生物灭绝。这种解释和21世纪世界环境问题不谋而合，但实际考察当时的海水记录，发现海平面在下降（图2），也就是说当时的地球正在遭受全球变冷。所以这个假说无法完全自圆其说。

与此相对，日本的研究人员主张，灭绝的原因在于地球之外，地外因素导致全球变冷，使世界上各种各样的生物大灭绝。这次灭绝的原因不像恐龙灭绝时期那样有巨大陨石撞击，而是超新星爆炸导致活跃的银河系中心宇宙放射线增加，又或者是地球与暗星云碰撞导致全球寒冷化。

前者具体来说是等离子化的银河宇宙射线高能量粒子（电子、质子、氦的原子核等）使得地球大气分子带电，带电粒子为凝结核，形成大量的云，覆盖地球，导致地球寒冷化。地球和太阳

二叠纪地层调查
在阿拉伯半岛东端的阿曼，研究人员调查了P-T(二叠纪–三叠纪)过渡时期地层

图片来源：东京大学大学院综合文化研究科广域科学专业广域系统科学系"矶崎研究室"

自身磁场好像盾牌一样可以屏蔽宇宙射线,但如果地球内部的金属核(特别是液态铁构成的外核)对流方式发生变化,磁场强度就会下降,大量来自银河系的宇宙射线就会闯入地球大气层。

而后者具体来说就是如果太阳系与暗星云(大小至少可以包围太阳系)相遇,暗星云的无数微粒子阻隔太阳光射入地球,就有可能引起地球寒冷化。

最近,在日本古生代末期即大灭绝前时期的沉积地层中,检测出了异常高的氦同位素比值(研究认为不是地球本身的物质)。这不是巨大的陨石撞击导致,而是大量微粒子(宇宙尘埃)坠落的证据,证明了后者的假说。

图1 显生宙(古生代至新生代)的海洋生物多样性(属级)

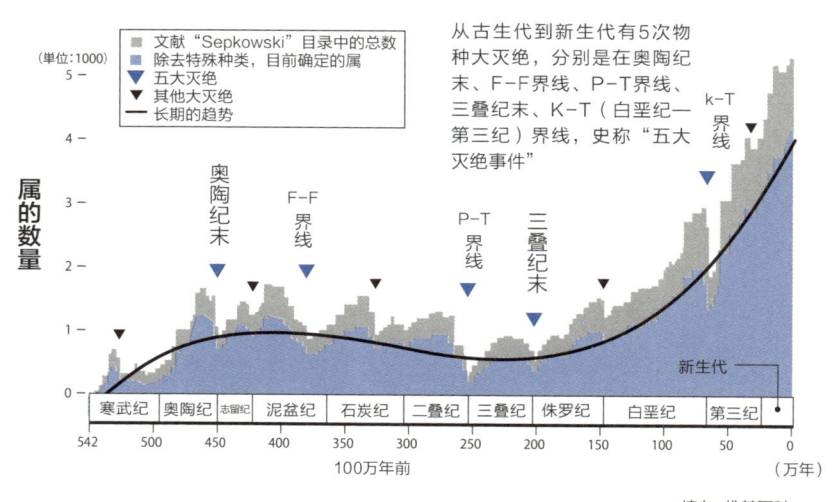

从古生代到新生代有5次物种大灭绝,分别是在奥陶纪末、F-F界线、P-T界线、三叠纪末、K-T(白垩纪—第三纪)界线,史称"五大灭绝事件"

摘自:维基百科

图2　5亿年内海平面变化

N…晚第三纪　　Pg…古近纪　　K…白垩纪
J…侏罗纪　　　Tr…三叠纪　　P…二叠纪
C…石炭纪　　　D…泥盆纪　　S…志留纪
O…奥陶纪　　　Cm…寒武纪

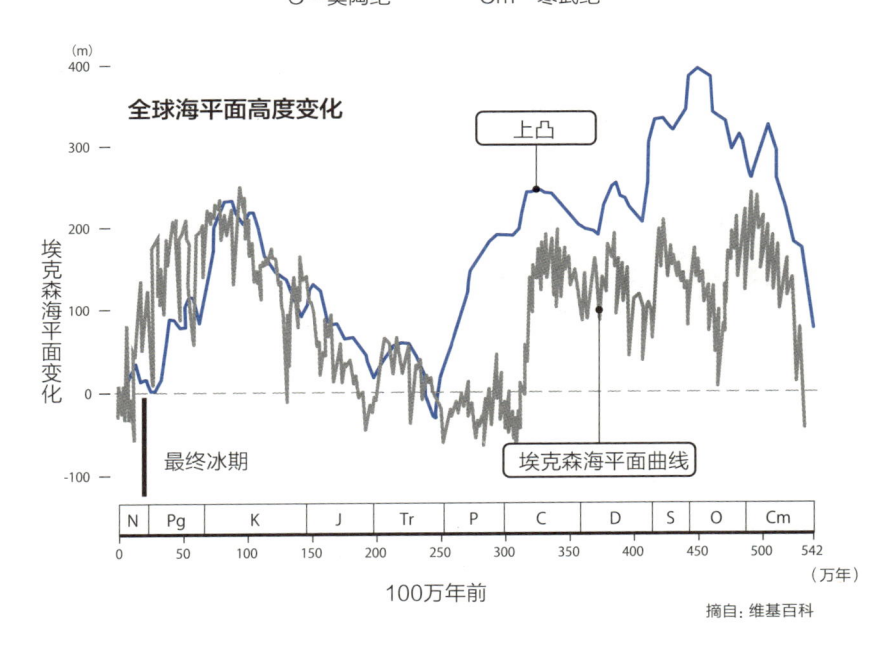

全球海平面高度变化

纵轴：埃克森海平面变化 (m)
横轴：100万年前

上凸

埃克森海平面曲线

最终冰期

| N | Pg | K | J | Tr | P | C | D | S | O | Cm |

0　50　100　150　200　250　300　350　400　450　500　542 (万年)

摘自：维基百科

10 白垩纪末恐龙灭绝的真正原因是什么？

最主要原因可能是遭遇暗星云而不是陨石撞击地球

恐龙在中生代称霸地球，但在距今约6600万年前却灭绝了。 与此同时，海洋中拥有石灰质壳的单细胞生物有孔虫（冲绳的特产星砂是其近亲）也灭绝了。与二叠纪末的大灭绝相比，尽管灭绝规模较小，但是恐龙的消失，为之后新生代哺乳类动物大爆发提供了契机。

关于恐龙灭绝，大家熟知的说法是直径10km左右的陨石坠落导致。 这个假说最早的证据是，在灭绝时期的地层中发现大量铱（铂族金属元素之一），这种元素地球表层基本不存在。之后，研究者们又在墨西哥尤卡坦半岛西北端发现撞击坑，刚好与灭绝时间吻合，其直径约为200km（图1）。

直径10km，基本相当于东京山手线绕一圈围住的面积，高度接近富士山（3776m）的三分之一。这种大小的陨石以超高速撞击了地球表面。其击中地点（相当于0环靶心），生物肯定会遭遇灭顶之灾。可是地球其他地区是如何受到影响的呢？

在陆地上，同一时期沉积的地层中，含有大量的煤。研究人员认为煤的出现证明了**冲撞时产生的高温热浪引起多地发生了大规模的森林火灾。** 在尤卡坦半岛的加勒比海沿岸，其同时代地层发现了大量海啸遗留沉积物，估计当时地球上可能发生了好几轮大海啸，席卷全球。

另外，落点周围较浅海域的沉积地层中，原本含有石膏等包含大量硫黄的矿物，撞击时产生的高温，使得它们分解，与大气中的水蒸气结合产生化合物，很可能引发大面积硫酸雨（酸雨）。

这就是撞击说。巨型陨石撞击引发海陆环境剧烈变化，最终导致恐龙等生物大量灭绝。但是，在最新研究中发现，早在白垩纪最末期陨石陨落之前，铱元素就已经开始进入地球，陨石撞击有可能不是导致生物灭绝的最主要原因。看来，与2亿5000万年前的二叠纪末生物大灭绝事件一样，地球与暗星云相遇是主要原因，陨石星撞击地球可能只是压死骆驼的最后一根稻草。

巨大陨石撞击尤卡坦半岛，遗留下了希克苏鲁伯陨石坑

海沟

Cenote（天坑）

图1　墨西哥尤卡坦半岛巨型陨石坑和海啸遗留沉积物

北美
白垩纪末期海面
墨西哥湾
大西洋
古巴
尤卡坦半岛
太平洋
希克苏鲁伯陨石坑
哥伦比亚盆地

11 地球是如何出现产氧光合作用的？
氧气浓度急剧增加，形成了地球独特的大气

生物有一个非常重要的特征，就是可以从单纯的无机物中制造出复杂的有机物。其中最原始的制造过程之一是甲烷发酵，至少在**距今39亿年前，就有某种生物开始合成这种有机物**。之后出现的光合作用比甲烷发酵这种生物化学反应更加复杂，从而使有机物合成变得更加高效。不过，**地球历史中光合作用开始的准确年代，尚无定论**。

光合作用是生物利用太阳光电解水后，再利用分离的电子，将二氧化碳合成有机物的过程。不过，光合作用原本并不产生氧气。

在原核生物（光合细菌）中有被称为"光系统Ⅰ"和"光系统Ⅱ"的部分独立负责不同的化学反应，两部分合起来，就形成了效率更高的产氧光合作用。不过，**光合细菌进行光合作用，可不是为了制造氧气**。氧气其实是光合作用产生的废弃物。**最先拥有这种能力的原核生物是蓝藻（蓝细菌）**，在距今约27亿年前的地层中，遗留下了最古老的证据。

有一种岩石叫作**叠层石**，形状像蘑菇圆顶一样，是蓝藻繁衍生息形成的生物遗迹岩石（图1）。在世界各地的距今27亿年左右的地层里，还保留着与它相仿的化石，说明早在那个时候，地球表层就已经到处都有光合作用了。

但是，仅靠光合作用是无法增加大气的氧气浓度的。生物体由有机物构成，而有机物具有还原性质。生物死后身体会腐败。所谓腐败，和燃烧一样，都是与大气和海水中的氧进行氧化还原反应。如果尸体完全氧化的话，就前功尽弃了，大气中因光合作用而产生的氧气被消耗，变回原来的二氧化碳。

幸好生物的遗体常常埋藏在地层中，免遭大气和海水氧化。地层保存下的有机物越多，大气中的氧气残留就越多，大气中氧的浓度自然也越高。过去的地球大气二氧化碳浓度极高（是现在的100万倍以上），经过大量消耗，才急剧减少到如今的状态。大气氧浓度的急剧增加（图2），最终形成了只有地球才有的特殊大气。

我们利用的化石有机碳（煤、石油、天然气）与如今的高氧气浓度大气可以说是一把双刃剑。

图1 叠层石

形状像蘑菇圆顶一样,是蓝藻繁衍生息形成的生物遗迹岩石

图2 大气氧浓度急剧增加

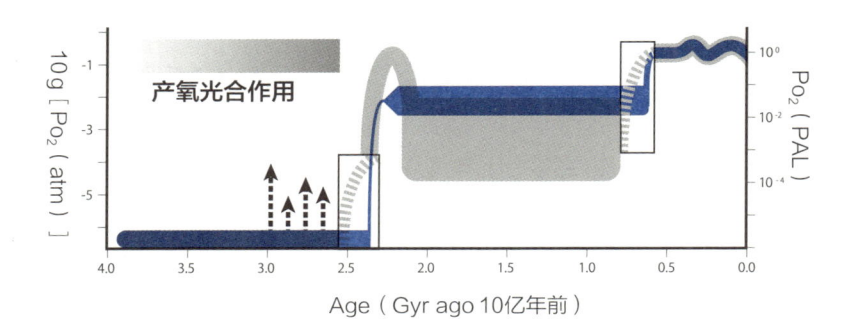

产氧光合作用

Age(Gyr ago 10亿年前)

12 为什么地球上有各式各样的岩石？
地球是个大工厂，不断制造各种岩石

石头（岩石）是构成大地的物质，可能在你我身边就有几块滚来滚去。虽然岩石很普通，但仔细观察河滩上的岩石，你就会发现它们其实包含了很多信息。

为什么地球上的岩石种类如此之多呢？

太阳系是由距离太阳较近的**类地行星、气态巨行星（类木行星）和冰态巨行星（天王星型行星）构成**。类地行星主要是由铁、镁、硅、氧等重元素构成，密度较大。其构造很像一颗鸡蛋，有蛋黄、蛋清和蛋壳，蛋黄就是地核，蛋清是地幔，蛋壳自然是地壳了。

地核由**重金属铁元素**构成；周围的地幔则是由镁、硅、氧元素构成；表面薄层以硅、氧为主，再加上铝、钠等元素。以硅和氧元素为主体，再加上铁、镁、铝、钠、钙等元素结合的化合物被称为**硅酸盐。地幔和地壳就是由硅酸盐构成的。硅酸盐结晶被称为造岩矿物**，造岩矿物的集合就是我们常说的岩石。水星、金星、月球、火星，以及2019年2月探测卫星"隼鸟2号"成功着陆的小行星"龙宫"，都是由岩石构成的。

在地壳的深处和地幔，岩石熔化形成岩浆（熔化的岩石）。

因为地表温度较低,喷出的岩浆急速冷却凝固,形成细小的结晶或者玻璃质火山岩。熔岩和火山灰凝结也会形成一种火山岩——"凝灰岩"。如果岩浆慢慢冷却,就会形成粗颗粒结晶构成的深成岩。花岗岩是深成岩的代表。以上这些岩浆形成的岩石被称为火成岩。在地球形成初时期,地球被岩浆的海洋(岩浆之海)包围,之后,它们在地球表面开始冷却凝固,因此地球表层最初形成的岩石是火成岩。

岩石构成了地幔和地壳等岩石圈外层,液体的水构成了水圈,氮气和氧气等气体构成了大气圈。水圈和大气圈接受来自太阳的能量,形成热对流。地表上的水被蒸发成水蒸气后上升形成云,云又以雨的形式将水降到地表。降落在地表的水汇集成流,不久就形成了江河湖泊流入大海。另外降落到地表的水与形成岩石的造岩矿物发生化学反应,生成细粒矿物,被称为"黏土矿物"。这种化学反应被称为"化学风化作用"。

流水搬运黏土矿物,不久它们沉积到湖泊和海洋,在那里堆积成泥。泥凝固成岩石就是泥岩。

白天,太阳的热量使岩石受热而膨胀,夜间岩石又散热而收缩,如此反反复复,构成岩石的矿物分崩离析,化为细小颗粒。这叫作物理风化作用。流水搬运分散的颗粒,不久它们在湖和海底堆积成为砂砾,风把砂砾带到干燥地区,形成沙漠。这样的砂砾凝固在一起就是砂岩。在流水和风的作用下,比砂砾更大的岩块被搬运、堆积,形成砾石。泥岩、砂岩、砾石都是碎屑性沉积岩。

除了物理风化作用以外,生物作用或化学作用也能形成沉积岩。珊瑚礁由碳酸钙构成,凝固后可形成石灰岩。深海海底有一种浮游生物——放射虫，它拥有硅质骨架，死后尸体凝固成硅质岩。这些岩石都被称为生物性沉积岩。

另外，在沙漠这样的干燥地带，湖泊或内陆海的水蒸发，就会产生岩盐、石膏和石灰岩这样的蒸发岩。蒸发岩也被称为化学性沉积岩。

日本列岛上常见的是石灰岩和硅质岩。石灰岩是由海洋板块上的火山岛的珊瑚礁构成，硅质岩则是在深海海底沉积形成的。它们在板块俯冲时被剥落下来，附着到了陆地端。沉积岩也会因为板块俯冲、碰撞等地壳变动而进入地下深处，在地球内部的热量和压力作用下，生成新的矿物（再结晶），形成完全不同的岩石。这就是所谓的变质岩。

地壳变动时，较大的定向压力（构造运动所产生的定向压力称为动压力）作用于岩石上，形成很容易剥落的结晶片岩。其中，结晶矿物相间，呈定向或条带状断续排列的被称为片麻岩。

自地球诞生以来，来自太阳的能量推动岩石圈、水圈以及大气圈相互作用形成沉积岩，地球内部热量作用形成岩浆岩和变质岩。地球上各种各样的岩石层出不穷。地球工厂就这样不断利用太阳能量和自身内部能量制造岩石（图1）。

图1 岩石生成循环图

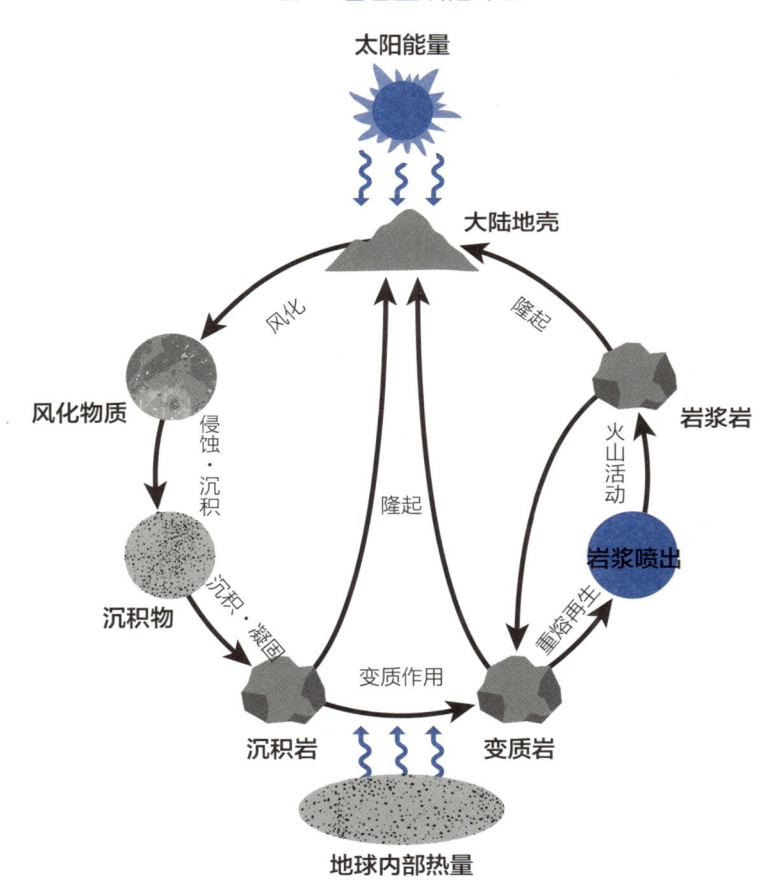

太阳能量

大陆地壳

风化 → 风化物质

侵蚀·沉积 → 沉积物

沉积·凝固 → 沉积岩

隆起

变质作用 → 变质岩

地球内部热量

重熔再生 → 岩浆喷出

火山活动 → 岩浆岩

隆起 → 大陆地壳